개정
WOW!
FUN WITH ENGLISH

셀프업 5

개정

WOW! FUN WITH ENGLISH

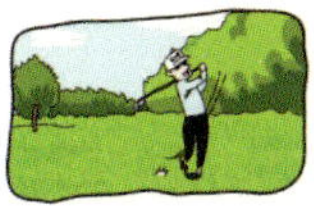

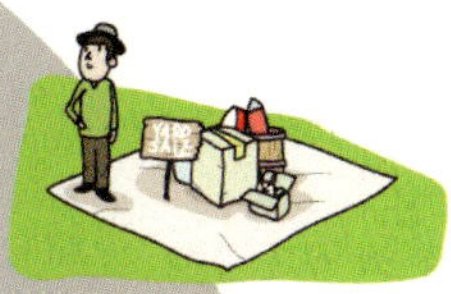

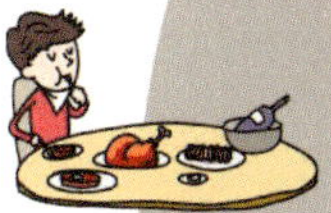

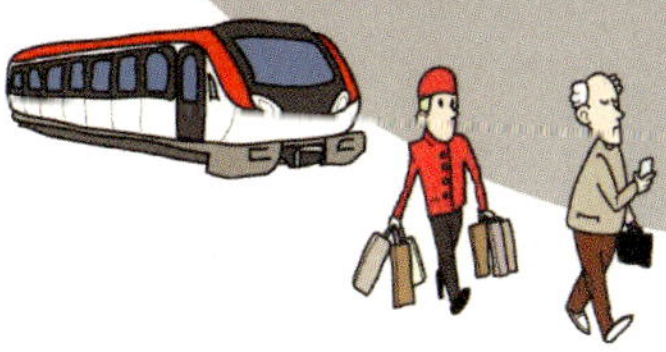

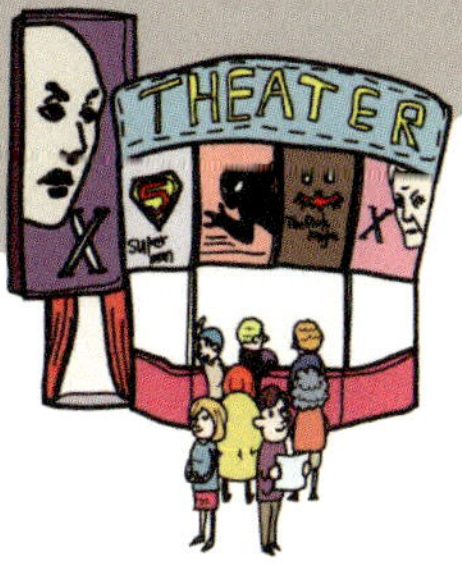

박주은 지음

이담 Books

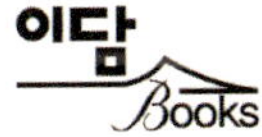

INTRODUCTION

대학 강의를 하면서 기초적인 영어회화를 쉽고 재미있게 배울 수 있는 교재의 필요성을 느꼈습니다. 그래서 이 책에서는 장소와 상황에 맞는 표현을 14개의 주제로 구성하였습니다.

각 단원의 구성은 아래와 같습니다.

첫째, Introduction에서는 단원의 내용을 영어로 요약해 놓았습니다.

둘째, Words에서는 기본적인 필수 단어나 뜻을 수록하였습니다.

셋째, Basic Expressions에서는 회화에서 필요한 기본적인 표현들을 수록하였습니다.

넷째, Dialog에서는 장소와 상황에 맞는 대화를 수록하였습니다.

다섯째, Pair Work에서는 배운 내용을 바탕으로 free talking이 가능하도록 하였습니다.

여섯째, Tip에서는 Pair Work를 좀 더 쉽게 할 수 있는 방법에 대해서 수록하였습니다.

일곱째, Let's Learn에서는 영어권 나라인 미국의 문화를 수록하였습니다.
미국 문화는 구체적으로 아래와 같이 수록하였습니다.
1과에서는 미국, 국경일, 인사
2과에서는 미국 가족의 유형, 가족의 호칭, 미신
3과에서는 국제 전화의 종류, 미국의 전화번호
4과에서는 미국의 인기 있는 스포츠인 풋볼, 골프, 야구

INTRODUCTION

5과에서는 미국의 상점의 종류, 환불 보장 제도, Plus Tax, Moving Sale

6과에서는 미국의 교통수단인 지하철, 버스, 열차

7과에서는 미국의 식사, 샌드위치의 유래와 종류

8과에서는 해외여행에 필요한 여권, 비자

9과에서는 미국의 숙박시설 유형, 호텔 방의 유형, 호텔 서비스와 팁

10과에서는 USPS(the United States Postal Service), 도서관 카드 신청서

11과에서는 미국 돈, 미국의 파티

12과에서는 미국의 날씨, 미국 브로드웨이의 뮤지컬

13과에서는 관광명소 중 뉴욕과 워싱턴의 명소

14과에서는 영문이력서의 구성에 대해 수록하였습니다.

이러한 문화 수록은 영어권 나라인 미국에 대해 좀 더 쉽게 이해할 수 있도록 하였으며 영어 공부에 흥미를 가지도록 하였습니다.

특히 마지막 단원인 14과에서는 취업 인터뷰를 다루어 면접에 대비할 수 있도록 하였습니다. 그리고 부록에서는 영문이력서와 영문추천서를 수록하여 취업에 도움이 될 수 있도록 하였습니다. 이 책이 영어 기초가 없는 학생들에게 큰 도움이 되기를 바랍니다.

FUN WITH ENGLISH

General Introduction

Welcome to WOW! FUN WITH ENGLISH, the interesting basic English created to inspire English learning in Korea. WOW! FUN WITH ENGLISH is intended for beginners.

The main goals of WOW! FUN WITH ENGLISH are to develop listening and speaking skills and to prepare students to participate in real conversational situations.

WOW! FUN WITH ENGLISH consists of 14 units, each of which is based on practical topics, such as ordering in a restaurant or talking on the telephone.

Each unit is composed of several sections: introduction, words, basic expressions, dialogs, pair work, tip, and American culture.

First, words and basic expressions are to aid comprehension about the topic.

Secondly, dialogs are to help students acquire confidence in using English in different situations.

Thirdly, pair work is to help students talk about their own experiences, interests and feelings.

Finally, American culture is to aid students arouse the interest and understand America.

It is the author's hope that WOW! FUN WITH ENGLISH is interesting, fun and useful.

TABLE OF CONTENTS

INTRODUCING MYSELF

UNIT 01

INTRODUCING MYSELF

Introduction

Topics of this unit are introductions, greetings, names, countries, and nationalities.

Introduce yourself by saying "Hello, my name is⋯." Then introduce yourself more casually by saying "Hi, I'm⋯." Tell students that using 'Hi' is popular among young people.

People often use first names, and nicknames. "Please call me⋯." This expression means my first name is⋯, but everyone uses my nickname.

There are many countries and people in the world. Therefore we need to use names of countries and nationalities.

I'll tell you my experience. When I visited NBC Studio in New York City a few years ago, the guide asked tourists their names and nationalities. We introduced ourselves became to Know many interesting greeting customs.

In English–speaking countries, people usually shake hands when they first meet.

Chileans usually shake hands when they meet for the first time. When two women first meet, they sometimes give a kiss on the cheek.

The Philippines usually shake hands when they meet for the first time. Men sometimes pat each other on the back.

Americans shake hands when they are first introduced. Family members and friends often hug or kiss on the cheek when they see each other. Do you know the book, "*Dare to win?*" It was written by Jack Canfield and Mark Victor Hansen. They said 'a hug' was the method to give and take love. As we hug, we get confidence. I think this is a useful and warm custom.

In the Pair Work, you can see the question, "What do you do?" It means what's your job or what's your occupation.

Words

last name = family name or surname	성
first name = given name	이름
middle name	중간 이름
full name = a person's legal name, including the first, middle, and the last	성을 생략하지 않은 이름 / 완전한 이름
nickname = a name used informally instead of a person's given name	별명
freshman/sophomore/junior/senior * This usually applies to High Schools and Colleges only. Not in other grades.	1/2/3/4학년
nationality	국적
major	전공
vacation	방학/휴가

Country (국가)	People (국민)
Korea (한국)	Korean (한국인)
America / the United States (미국)	American (미국인)
England / Great Britain (영국)	English (영국인)
France (프랑스)	French (프랑스인)
China (중국)	Chinese (중국인)
Italy (이탈리아)	Italian (이탈리아인)
Spain (스페인)	Spanish (스페인인)
Germany (독일)	German (독일인)
Finland (핀란드)	Finn (핀란드인)
Chile (칠레)	Chilean (칠레인)
Russia (러시아)	Russian (러시아인)
Thailand (태국)	Thai (태국인)
Japan (일본)	Japanese (일본인)

Basic Expressions

May I introduce myself? 제 소개를 해도 될까요?

Let me introduce myself. 제 소개를 하겠어요.

My name is Rick I'm a senior at Princeton University.
제 이름은 릭입니다. 프린스턴 대학 4학년입니다.

May I have your name, please? 이름이 무엇입니까?

What's your name? 이름이 무엇입니까?

I'm William Hitztaler. 저는 히즈테일러입니다.

My name's Julie. 저는 줄리입니다.

How do you spell your last name? 당신 성의 철자가 어떻게 됩니까?

H - I - T - Z - T - A - L - E - R. H - I - T - Z - T - A - L - E - R 입니다.

Please call me Tom. 저를 Tom이라 불러 주세요.

I'm glad to meet you. 만나서 반가워요.

Nice to meet you. 만나서 반가워요.

It's a pleasure to meet you. 만나서 반가워요.

Pleased to meet you. 만나서 반가워요.

Where are you from? 어디 출신입니까?

I'm from America.   저는 미국 출신입니다.

Where in America are you from?   미국 어느 도시 / 주에 살지요?

= In which city or state do you live?

I'm from New York.   저는 뉴욕 출신입니다.

What's your nationality?   국적은 어디죠?

My nationality is Korean.   내 국적은 한국입니다.

How are you?   어떻게 지내세요?

How's everything?   어떻게 지내세요?

How are you doing?   어떻게 지내세요?

Pretty good, thanks.   매우 잘 지내요. 고마워요.

Not bad.   나쁘지 않아요.

I'm fine.   좋아요.

Not so good.   좋지 않아요.

So far so good.   지금까지 좋아요.

Same as usual.   평상시처럼 똑같아요.

Busy as usual.   평상시처럼 바빠요.

Dialog 01

Tim: Good afternoon. How are you this afternoon?

Crystal: I'm fine, thank you. And how are you?

Tim: Fine, thanks. Are you a student?

Crystal: Yes, I am.

Tim: What's your name? My name is Tim.

Crystal: Is that your first or last name?

Tim: My first name is Tim. My full name is Tim Smith.

Crystal: Very glad to meet you. My name is Crystal.

Tim: And what's your last name?

Crystal: My last name is Brown.

Tim: Hi, Crystal. Long time no see.

Crystal: Yes, I haven't seen you for a long time. How are you doing?

Tim: Pretty good, thanks, and you?

Crystal: Same as usual.

Tim: How are your parents?

Crystal: My parents are in London. They're on vacation. How about your parents?

Tim: That sounds good. My father is very busy, but my mother is on vacation.

Crystal: I have to go now. I'll call you later.

Tim: OK. Say hello to your parents.

Crystal: Thanks, I will. Good bye.

Tim: Take it easy. Bye.

Pair Work

What's your name?

What's your father's first name?

What's your nickname?

Where are you from?

What do you do?

What year of college are you in?

Are you a sophomore?

Are you on vacation?

What's your major?

What foreign languages do you speak?

 이름을 물을 때에는 "What's your name?"이라고 하고, 대답할 때에는 first name, middle name, last name 순으로 말한다. 미국인들은 보통 first name으로 대답한다. 별명을 물을 때에는 "What's your nickname?"이라고 한다. 직업을 물을 때에는 "What do you do?"나 "What's your job?" 또는 "What's your occupation?"이라고 한다. 대학교 교정에서는 학생들이 몇 학년인지를 주로 묻는데 "What year of college are you in?"이라고 하고 "I'm a~."라고 대답한다. "What's your major?"는 전공을 물을 때 사용한다. 대답은 "My major is~."라고 하든지 전공만 말하면 된다. 다음 도표를 활용하여 대화를 연습해 보자.

Major	전공
Early Childhood Education	유아교육
Music Education	음악교육
Business Administration	경영
Economics	경제
Political Science	정치
Philosophy	철학
Law	법
Industrial Engineering	산업공학
Aerospace Engineering	우주공학
Interior Architecture	실내건축
Environment & Landscape Architecture	환경조경
Computer Science	컴퓨터
Tax Accounting	세무회계
English Language and Literature	영문학
Chinese Language and Literature	중국학
Food & Nutrition	식품영양
Fashion Design	패션디자인
Dental Laboratory Technology	치기공학
Radiological Technology	방사선
Physical Therapy	물리치료

1. 미국

미국은 북아메리카 대륙의 48개 주와 알래스카, 하와이 주를 포함하여 50개 주로 구성되어 있으며 인구 약 2억 7,530만 명의 다민족 국가이다. 미국 국명은 United States of America(America)로 아메리카 대륙을 처음 발견한 이탈리아 탐험가 베스푸치의 세례명에서 인용해 왔다.

국기는 성조기(the Stars and Stripes)이며, 수도는 Washington. D.C.이다. 워싱턴은 세계 정치와 외교의 중심지이며, 국회의사당, 백악관, 국무성, FBI 등 많은 관청에서 35만여 명의 미연방 공무원들이 근무하고 있는 곳이다. 워싱턴은 프랑스 사람의 설계에 의해 도시의 모양을 갖추었고, 그 설계의 기본은 의회를 중심으로 관공서를 배치하였고, 관공서의 높이가 의회보다 높아서는 안 되고, 넓은 길과 숲을 갖추도록 하였다. 이러한 환경에 거주하는 주민 대부분은 공무원이나 변호사이다. 그리고 워싱턴 자체 인구는 약 70% 정도가 흑인이다. 대개 부유한 백인들은 메릴랜드나 버지니아의 교외에 살고 있는 반면에 흑인들은 만성적인 실업으로 가난하게 살고 있다.

워싱턴 전체가 모두 개방되어 있어서 대통령 관저인 백악관(White House), 국회의사당(United States Capitol) 등을 자유롭게 견학할 수 있으며, 워싱턴의 주요 명소로는 의회도서관(The Library of Congress), 베트남전쟁 전몰자 위령비(Vietnam Veterans Memorial), 제퍼슨 기념관(Jefferson Memorial), 링컨 기념관(Lincoln Memorial), 워싱턴 기념탑(Washington Monument), 인쇄국(Bureau of Engraving and Printing), 국립자연사박물관(National Museum of Natural History), 국립항공우주박물관(National Air and

Space Museum), 그리고 홀로코스트 기념박물관(U.S. Holocaust Memorial Museum) 등이 있다.

2. 미국의 국경일

국경일	날짜
신정 (New Year's Day)	1월 1일
마틴 루터 킹 목사 탄생일 (Martin Luther King. Jr, Day)	1월 셋째 월요일
대통령의 날 (Presidents' Day)	2월 셋째 월요일
전몰장병 기념일 (Memorial Day)	5월 마지막 월요일
독립기념일 (Independence Day)	7월 4일
노동절 (Labor Day)	9월 첫째 월요일
콜럼버스 기념일 (Columbus Day)	10월 둘째 월요일
재향 군인의 날 (Veterans Day)	11월 11일
추수감사절 (Thanksgiving Day)	11월 넷째 목요일
크리스마스 (Christmas Day)	12월 25일

3. 인사

처음에 만난 사람과 인사할 때에는 "How do you do?"보나는 "Hello"나 "Hi", 그리고 "Nice to meet you." 등을 사용한다. 상대방의 이름을 물을 때에는 "What's your name?", 성을 물을 때에는 "What's your last name?"으로 한다. 그리고 출신지에 대해 주로 묻는다. 왜냐하면, 미국인들은 직업이나 학교 문제 등으로 이주를 많이 하기 때문이다.

보통 "Where are you from?"(당신은 어디 출신입니까?)라고 묻고 상대방은 "I'm from America."라고 대답한다. 그리고 구체적으로 물을 때에는 "Where are you from in America?"(당신은 미국 어디 출신입니까?)라고 묻고 상대방은 "I'm from New York."(나는 뉴욕 출신이에요.)라고 대답한다.

THE FAMILY

UNIT 02

UNIT 02

THE FAMILY

Family has the greatest meaning in one's life. One cannot live without family. Thus when a person introduces himself or herself, introducing family is always included. In this unit, there are basic expressions which can help you to introduce your family to others. You can tell others about your marital status, family members, your hometown, etc. Learn the expressions how make your family and yourself known to others fluently when you meet the person for the first time.

Words

member of the family	가족구성원
relative	친척
near relative	가까운 친척
distant relative	먼 친척
parents	부모
grandparents	조부모
grandfather	할아버지
grandmother	할머니
grandson	손자
granddaughter	손녀
father	아버지
mother	어머니
husband	남편
wife	아내
son	아들

daughter	딸
nephew	남자조카
niece	조카딸 / 질녀
sister	언니 / 여동생 / 누나
brother	형제 / 형 / 오빠 / 남동생
elder/older brother	형 / 오빠
elder/older sister	누나 / 언니
younger brother	남동생
uncle	아저씨 / 삼촌
aunt	아주머니 / 고모 / 숙모
cousin	사촌
second cousin	육촌
third cousin	팔촌
sister-in-law	형수 / 제수 / 처형 / 처제 / 시누이 / 올케
brother-in-law	자형 / 매부 / 처남 / 시숙
father-in-law	시아버지 / 장인
mother-in-law	시어머니 / 장모
daughter-in-law	며느리
son-in-law	사위
single parent = a divorced or an unmarried person who takes care of his / her child or children; also, single mother, single father	편모 / 편부
picture	사진
elementary school	초등학교
government	정부
sweetheart	애인

How large is your family?　가족 수가 어떻게 됩니까?

How many are there in your family?　가족이 몇 명이나 되십니까?

There are four of us. My parents, elder sister and myself.
네 명입니다. 제 부모님, 언니 / 큰누나 그리고 접니다.

There are only three in my family: my parents and myself.
세 명입니다. 제 부모님과 접니다.

My father is a businessman.　제 아버지는 사업가입니다.

My mother runs a shop.　제 어머니는 가게를 경영하십니다.

My sister is an artist.　제 언니 / 누나는 화가입니다.

My brother is an accountant.　제 형 / 오빠는 회계사입니다.

I am the oldest son in my family.　저는 맏아들입니다.

I'm the youngest in my family.　저는 막내입니다.

Who's he?　그는 누구입니까?

He's Justin's son.　그는 Justin의 아들입니다.

Who's she?　그녀는 누구입니까?

She's my wife.　그녀는 나의 아내입니다.

How old is your younger sister?　당신의 여동생은 몇 살입니까?

She is nineteen.　그녀는 19세입니다.

She is my age.　그녀는 나하고 동갑입니다.

Do you have any brothers or sisters?
당신은 남자 형제나 여자 형제가 있습니까?

Yes, I do. I have two brothers.　네, 있습니다. 남자 형제가 둘 있습니다.

Mary: Tell me about your family, Carl.

Carl: Well, there are four in my family. My parents live in Ohio. My brother lives in Seattle and my sister lives in Texas. What about your parents, Mary? Where do they live?

Mary: They live in Florida.

Carl: Oh, where in Florida?

Mary: In Miami. It's a beautiful city, and it is a famous vacation area.

Carl: And are they still working?

Mary: Oh, yes. My father is a company director. He works for Top Travel.

Carl: Oh, really? Does he like it?

Mary: Yes, he does. My mother is a professor. She teaches math at a University.

Emily: Is that a picture of your family? I didn't know you were married.

Justin: That's my wife, my son Tim, and my daughter Julie.

Emily: They're good looking children. How old is your little boy?

Justin: He turned seven years old last month, and Julie, my girl's eight. She just started an elementary school last month. What about you?

Emily: I'm not married, but I have an older brother who works for the government and a younger sister who is a pianist.

Justin: Well, where were you born?

Emily: I was born in Vancouver, Canada. How about you?

Justin: I was born in California.

Pair Work

How many brothers and sisters do you have?

Who is that?

What's her(or his) name?

What does she(or he) do?

Where does she(or he) go to school?

Where were you born?

Where do you live?

Are you married?

Do you have any children?

Do you have a sweetheart?

Tell me about your sweetheart.

미국인들은 보통 지갑에 가족사진을 들고 다닌다. 회사 동료나 친구들과 지갑 속의 사진을 보여 주면서 대화 나누는 것을 좋아하는 편이다. 형제나 자매 수를 물을 때에는 "How many brothers and sisters do you have?"(형제나 자매가 몇 명이나 되십니까?)라고 묻고 대답할 때에는 "I have one brother and two sisters."(나는 남자 형제 한명과 여자 형제 두 명이 있습니다.)라고 한다.

결혼 여부를 물을 때에는 "Are you married?"라고 묻고 대답할 때에는 긍정일 경우 "Yes, I am."이나 "I am married."(나는 기혼입니다.)라고 한다. 부정일 경우에는 "No, I am not."이나 "I'm single."(나는 미혼입니다.)라고 한다.

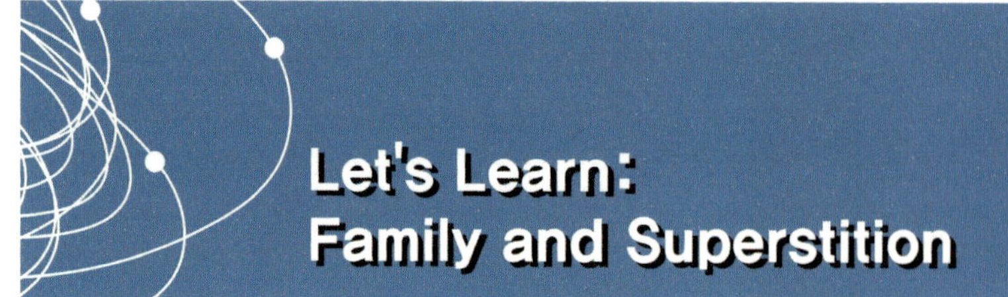

1. 미국 가족의 유형

1) 핵가족(nuclear family)

: 미국 대부분의 가정 형태로 부모와 아이들만 한집에서 거주하는 경우이다.

2) 대가족(big family)

: 할머니, 할아버지, 삼촌, 고모, 사촌, 조카 등이 부모와 아이들과 함께 한집에서 거주하는 경우이다.

3) 복합 가족/혼성 가족(step family)

: 지난 30년 동안 미국 가족 형태의 변화가 오면서 생긴 유형이다. 이혼과 재혼 등으로 혈연이 없는 가족의 형태로 아이들은 양어머니(stepmother)나 양아버지(stepfather)가 생기는 것이고 부모는 양아들(stepson)이나 양딸(stepdaughter)이 생기는 것이다.

4) Dinks(double income no kids)

: 자식이 없는 맞벌이 부부

2. 가족의 호칭

　미국에서는 나이에 맞는 호칭을 부르는 대신 이름을 부른다. 친척에 대한 호칭도 친가나 외가 구분 없이 부모님 대의 여자는 aunt라 하고 남자는 uncle이라 한다. 손위나 손아래인 것을 밝히고 싶을 경우에만 big이나 younger를 사용한다. 큰 형이나 큰 오빠는 big brother나 older brother라 하고 영국에서는 elder brother라 한다. 큰 언니나 큰 누나는 big sister나 older sister라 한다. 남동생은 younger brother나 little brother라 하고 여동생은 younger sister나 little sister라 한다.

3. 미신

<table>
<tr><td colspan="1">Good Luck(행운)</td></tr>
<tr><td>Superstition 1: If a black cat runs across the road in front of your car(or bicycle) this means good luck will follow. (Some people believe this actually brings bad luck.)
만일 당신의 차나 자전거 앞으로 검은 고양이가 지나가면 행운이 따를 것이다.
(일부 사람들은 이것이 실제로 불운을 가져온다고 믿는다.)</td></tr>
<tr><td>Superstition 2: If you see and pick up a coin faced up, you'll have a lucky day.
만일 당신이 앞면이 보이는 동전을 줍는다면, 당신은 행운의 날을 가지게 될 것이다.</td></tr>
<tr><td>Bad Luck(불운)</td></tr>
<tr><td>Superstition 1: It's bad luck to walk under a ladder(which is leaning against a wall).
벽에 걸쳐 있는 사다리 아래를 지나가는 것은 위험하다.
(불운이 온다. 이 미신은 안전을 생각하는 합리적인 것이다.)</td></tr>
<tr><td>Superstition 2: If the thirteenth day of any month falls on Friday('Friday the thirteenth') you need to be careful through out that day.
13일이 금요일이 되는 달이면 당신은 그날 내내 조심할 필요가 있다.</td></tr>
</table>

　미국인들은 대체적으로 과학을 믿는 합리주의자이지만 미신을 믿는 사람들도 있다. 예를 들어, 자신의 차나 자전거 앞에 검은 고양이가 나타나면 행운이 온다고 믿는다. 하지만 일부 사람들은 이 상황이 불운을 가져온다고 생각하기도 한다. 그 유래는 1560년대 영국에서 있었던 일에서이다. 어두운 밤 부자가 길을 걷고 있다가 어두운 물체가 그들 앞으로 지나가자 돌을 던졌는데, 그것은 노인이 살고 있는 집으로 절뚝거

리며 갔고, 창문의 불빛을 통해 보니까 그 물체가 고양이었던 것이다. 다음 날 그 노인은 절뚝거리며 마을에 나타났고, 마을 사람들은 그 모습을 보고 그 고양이가 바로 노인이며, 밤에는 고양이로 변신해서 사람들을 괴롭힌다고 믿게 되었다. 그러므로 사람들은 고양이가 앞을 지나가면 불운이 올 것이라 생각하게 된 것이다.

또 하나의 예를 들어 보자. 미국인들이나 서양인들은 13일 금요일을 매우 싫어하므로 토끼발을 부적처럼 들고 다닌다. 왜냐하면 토끼는 농경 사회에서 새끼를 많이 낳는 동물로 숭배되어 사람들이 토끼 몸의 일부를 가지고 다니면 행운이 온다고 믿었기 때문이다.

미국의 한 대학에서 비교 문화를 연구하는 한 교수는 13이라는 숫자가 devil's dozen이라고 불리고 있고 예수의 최후 만찬에는 13명이 등장했고 예수가 십자가에 못 박힌 날도 금요일이라고 주장하였다. 이와 같이 미신은 종교적인 문제와 결부되어 본인의 운과 관계가 생기기 시작하였다. 과거 로마인은 13이라는 숫자를 죽음과 파괴의 신호라고 간주하였으며, 그리스 철학자는 13을 불완전한 숫자라고 생각하였다. 이러한 사고는 현대에 와서도 미국인들에게 영향을 끼쳐서 많은 사람들이 이사나 결혼식을 하지 않고, 외식도 하지 않으며, 심한 경우에는 직장도 나가지 않는 경우도 있다.

TALKING ON THE TELEPHONE

UNIT 03

TALKING ON THE TELEPHONE

Introduction

The topic of Unit 3 is a phone conversation. When you are talking on the phone, there are some different expressions from the one of a casual conversation. And you can learn how to respond when you make a phone call with a wrong number and how to make a collect call. When you call up in the foreign countries, these expressions are useful. Practice the dialogues and learn how to deal with various situations when you make a phone call.

Words

call	전화
receiver	수화기
dial tone	발신음(영국에서는 dialing tone이라 한다)
telephone book	전화번호부
telephone bill	전화요금 고지서
telephone booth	공중 전화 부스
pay telephone	공중 전화
public telephone	공중 전화
telephone operator	교환수
local call	시내 전화
long distance call	장거리 전화
collect call =a telephone call in which the recipient is requested to accept the charges	수신자 부담 전화

extension	내선
appointment	약속
ASAP = As Soon As Possible	가능한 빨리
make a call	전화를 걸다
dial a number	전화를 걸다
make a long distance call	장거리 전화를 걸다
call collect	수신자 부담 전화를 하다
cost	비용이 들다
hang up	끊다

Basic Expressions

This is John speaking. 존입니다.

This is she / he. 접니다.(여자 / 남자인 경우)

May I speak with(or to) him, please? 그를 바꾸어 주시겠습니까?

May I ask who's calling? 누구세요?

How can I get in touch with you?

제가 당신과 어떻게 연락할 수 있나요?

May I take a message? 메모를 남기시겠습니까?

Would you like to leave a message? 메모를 남기시겠습니까?

Excuse me, is there a pay phone around here?

실례지만, 이 근처에 공중전화가 있습니까?

How could I use the pay phone?

공중전화는 어떻게 사용합니까?

You have the wrong number. 전화 잘못 거셨습니다.

Just a moment. She's on another call.
잠깐만 기다리세요. 그녀가 다른 전화를 받고 있습니다.

His line is busy. 그는 지금 통화중입니다.

Hold the line, please. 잠깐만 기다리세요.

Please wait a moment. 잠깐만 기다리세요.

I'd like to make a collect call. 수신자 부담 전화를 신청하고 싶습니다.

I'll connect you to Mr. Frank. 프랭크씨를 연결하겠습니다.

What is the area code for(of) New York? 뉴욕 지역 번호가 뭐죠?

What is the National code for(of) England? 영국 국가 번호가 뭐죠?

Extension 1212, please. 내선 1212번 부탁드립니다.

= Could you connect me to Extension 1212?

Dialog 01

Kathy: Good morning, Bank of America. May I help you?

Frank: Yes. May I speak to Miss Kathy?

Kathy: This is she.

Frank: Hi, Miss Kathy. This is Frank calling from IBM.

Kathy: Hi, Mr. Frank. How are you doing?

Frank: I'm very good, thanks.

Laura: Hi. May I speak with Rick, please?

Eric: I'm afraid, there is no one here by that name. Excuse me, but what number are you calling?

Laura: Isn't this 225－7878?

Eric: I'm sorry you have the wrong number. This is 224－7878.

Laura: I must have dialed the wrong number. I'm sorry.

Emily: Operator. May I help you?

Julia: I'd like to make a collect call.

Emily: May I have the phone number and your name, please?

Julia: The number is 614－339－3699 and my name is Julia.

Emily: Hold on, please. "This is the United States operator." "We have a collect call from Julia from Ohio." Will you accept the charge?

Mary: Yes, I will.

Emily: Hello, she accepted the call. You can go ahead now.

Julia: Thanks.

What is the telephone number of your house?

= What's your telephone number?

How often does your sister(or brother) speak on the telephone?

Who uses the telephone the most in your family?

May I ask who is calling?

Would you like to leave a message?

Is this 777 – 1357?

Who would you like talk to?

What is the area code for Boston?

What is the National code for Korea?

Why did you call? = What is this regarding? = May I ask what this is about?

Tip 전화하는 빈도수를 물을 때에는 "How often do you speak on the telephone?"(얼마나 자주 전화 통화하십니까?)라고 묻고 대답할 때에는 "I speak on the telephone twice a week."(나는 일주일에 두 번 통화합니다.)라고 하든지 "Twice a week."(일주일에 두 번이요.)라고 한다.

빈도수에 대한 표현을 구체적으로 보면, 일주일에 한 번을 'once a week', 두 번일 경우에는 'twice a week'나 'two times a week', 세 번일 경우에는 'three times a week'라 한다. 보통 숫자 뒤에 'times'를 붙이면 된다. 한 달에 두 번일 경우에는 'twice a month', 일 년에 한 번일 경우에는 'once a year'라고 한다. 하루 걸러 한 번은 'every other day', 한 주 걸러 한 번은 'every other week', 한 달 걸러 한 번은 'every other month'이다.

예를 들어 "How often do you exercise?"(당신은 얼마나 자주 운동하십니까?)라고 물으면 "I do exercise every other day."(나는 하루 걸러 한 번 운동합니다.)라고 대답할 수 있다.

Let's Learn : Telephone

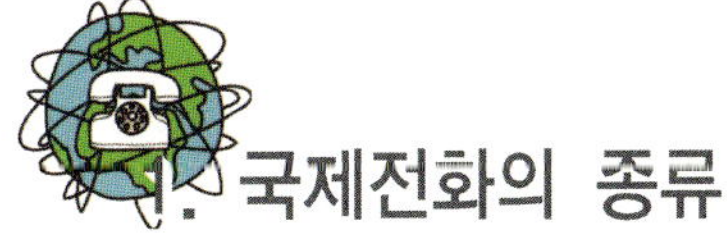

1. 국제전화의 종류

종류	내용
Person - to - person call(지명 통화)	상대방의 이름과 전화번호를 지정한다.
Station - to - station call(번호 통화)	상대방이 전화번호만 지정하므로 상대가 누구든 상관없는 경우에 사용한다.
Collect call(수신자 부담 전화)	요금은 상대방이 지불해 주기 바란다는 취지로 신청하고 상대방이 허락하면 연결된다.
International subscriber dialing(국제다이얼통화)	교환을 통하지 않고 다이얼로 직접 연결한다.

2. 미국의 전화번호

지역번호 + 시내국번 + 개인번호로 3자리, 3자리, 그리고 4자리로 구성되어 있어서 모두 10자리이다. 예를 들어, 뉴욕의 지역번호는 212이다. 지하철 구내, 거리, 호텔 등에는 공중전화(Pay phone)가 있다.

시내 전화(Local call)를 할 때에는 최저 통화요금(25~35 ₡)을 넣고 시내국번과 상대방 번호를 누르면 된다. 통화료가 부족할 경우에는 음성 안내가 나오므로 잘 듣고 부족한 금액을 넣으면 된다.

시외 전화(Long distance call)를 할 때에는 1을 누른 뒤 10자리 전화번호를 누른다. 1분 동안의 요금을 알려 주는 음성 안내가 나오면 요금을 넣으면 된다.

미국에는 두 가지 종류의 전화번호부가 있다. 첫째, 인명사전식 White Pages이고, 둘째, 업종별사전식 Yellow Pages가 있다.

TALKING ABOUT HOBBIES & SPORTS

UNIT **04**

TALKING ABOUT HOBBIES & SPORTS

Introduction

Topics of this unit are sports, hobbies and outdoor activities. Learning other person's hobby is essential to get along with each other. People usually ask one's hobbies each other to develop the conversation or to make the atmosphere friendlier when they meet someone for the first time. Practice the expressions of asking hobbies and answering to the questions with following dialogues.

Words

hobby / spare time	취미 / 여가
collection	수집
matchbox	성냥갑
stamp	우표
paddle	노
outdoor life	야외생활
camp	야영지 / 캠프
campfire	모닥불
sleeping bag	침낭
swimming pool	수영장
bathing suit	수영복
bathing cap	수영모자
sun block cream = protection cream	자외선 차단 크림
deodorant	방취제

Words

climb	오르다 / 등반하다
swim	수영하다
fish	낚시하다
hunt	사냥하다
hike	도보 여행 하다
dance	춤추다

Basic Expressions

What's your hobby? 당신의 취미는 무엇입니까?

What do you do in your free time?

당신은 여가 시간에 무엇을 합니까?

How do you spend your leisure time?

당신은 당신의 여가 시간을 어떻게 보냅니까?

My hobby is collecting stamps. 제 취미는 우표 수집입니다.

I enjoy fishing. 저는 낚시를 즐깁니다.

I enjoy soap operas. 저는 통속극을 좋아합니다.

I like jazz. 나는 재즈를 좋아합니다.

Coin collecting is interesting. 동전 수집은 재미있습니다.

What do you usually do on weekends?

당신은 주말마다 보통 무엇을 합니까?

I usually go out with friends. 나는 보통 친구들과 외출 합니다.

What kind of books do you like? 당신은 어떤 종류의 책을 좋아 합니까?

All kinds, but especially novels.

모든 종류의 책들을 좋아하지만, 특히 소설들을 좋아합니다.

Crystal: How do you spend your leisure time?

Tim: I go hiking and I go to the movies.

Crystal: What kind of movies do you like?

Tim: I like Western movies. How about you?

Crystal: I like to play soccer. My favorite soccer player is Gisung Park. Do you like soccer?

Tim: No, I don't, but I like baseball. My favorite baseball player is Chanho Park. What kind of music do you like?

Crystal: I like classical music. How about you?

Tim: I like rock music a lot.

Mary: What do you do in your free time?

Carl: I enjoy collecting stamps. And I play songs on the guitar. How about you?

Mary: I like collecting coins. And I like swimming. How far can you swim?

Carl: I can swim across this river. Do you have any particular hobbies?

Mary: Nothing particular, but mountain climbing is my favorite hobby.

Carl: Why do you enjoy mountain climbing so much?

Mary: I like trees, flowers and the fresh air.

Carl: How long have you been climbing?

Mary: I have been climbing since I was in an elementary school.

What are your hobbies?

What's your favorite pop song?

What's your favorite sport?

Who's your favorite actor(or actress)?

Who's your favorite singer?

What kind of music do you like?

What's on TV?

Why do you climb the mountain?

How often do you go fishing?

Are you interested in tennis?

Have you played football recently?

Does your girl friend(or boy friend) have hobbies?

Do you have any particular hobbies?

Do you enjoy watching the soccer games?

Do you play the piano?

Do you like horror films?

Do you know how to dance?

Do you prefer to go to a swimming pool or to a beach?

미국인들은 평일에 일하고 주말에는 휴식을 취하고 취미 활동을 한다. 가장 좋아하는 팝송이 무엇인지 물을 때에는, "What's your favorite pop song?"이라고 하고, 대답할 때에는 노래 제목을 말하면 된다. 예를 들어, "Way back into love."라고 하든지 "My favorite pop song is Way back into love."라고 한다. 팝송 듣기를 취미로 한다면 팝송에 나오는 단어나 숙어 등 중요 표현들을 조금 더 쉽고 재미있게 익히게 될 것이고, 음악에 맞춰 부르다 보면 자연스럽게 문장들을 외우게 될 것이다.

어떤 종류의 음악을 좋아하는지 물을 때에는 "What kind of music do you like?"라고 하고 대답할 때에는 "All kinds, but especially jazz."(모든 종류의 음악을 좋아하지만, 특히 재즈를 좋아합니다.)라고 한다.

kind를 이용해서 다른 취미에 대해서도 다음과 같이 물을 수 있다. "What kind of books do you like?"(당신은 어떤 종류의 책을 좋아합니까?)라고 묻고 대답할 때에는 "All kinds, but especially novels."(모든 종류의 책들이 좋지만, 특히 소설을 좋아합니다.)라고 한다. 또는 간단하게 "Novels."라고만 대답한다.

조금 더 구체적으로 대답하고 싶으면 소설 책 이름을 말하면 된다. 예를 들어, "Pride and Prejudice is really great."(「오만과 편견」 책은 정말로 굉장해요.)라고 한다. 이 작품은 영국 소설가 Jane Austen의 작품으로 영국인들이나 미국인들이 교양으로 많이 읽는 책이다. 일종의 필독서인 셈이다. "그것은 필독서이다." 라고 영작해 보면, "It's a must."이다. 여기서 must는 해야 한다가 아니라 필독서라는 뜻이다. 이 외에도 꼭 봐야 할 것, 반드시 게재할 중요기사라는 뜻이 있다.

"Have you played football recently?"(당신은 최근에 풋볼을 한 적이 있나요?)라고 물을 때에는 긍정일 경우, "Yes, I have."라 하고 부정일 경우, "No, I haven't."라고 대답한다.

Let's Learn: Sports

1. Football

영어로는 아메리칸 풋볼(American football)이라고 하지만, 미국에서는 단지 Football이라고 한다. 1869년 11월 프린스턴 대학교와 러트거스 대학교가 뉴저지 주 뉴브런즈윅에서 치른 경기가 첫 공식 경기로 인정되는데, 이 경기는 25명의 선수가 한 팀을 이루었다. 그 후 1874년에 캐나다로부터 럭비가 소개되어 럭비 경기의 룰이 채용되었다. 1876년 11월에는 컬럼비아 대학교·하버드 대학교·프린스턴 대학교·예일 대학교가 중심이 되어 전미국축구연맹을 창설하고, 럭비축구의 룰을 개정하여 새로운 축구의 형태를 만들어 냈다. 그리고 1880년 '미식 축구의 아버지'라고 불리는 월터 캠프(Walter Camp)에 의해 지금과 같이 팀당 주전선수가 11명으로 정해졌고, 네 차례 연속 공격을 채택하는 등 획기적인 규칙 개정이 이루어짐으로써 기초가 다져졌다. 그 후 연차적인 규칙 개정, 용구의 개량과 경기법의 진보에 따라 미국 국민성에 맞는 미국 최초의 스포츠가 되었다.

미국에서 미식 축구 시즌은 9월~11월 말까지이다. 그 사이에 각 지역에서 시합이

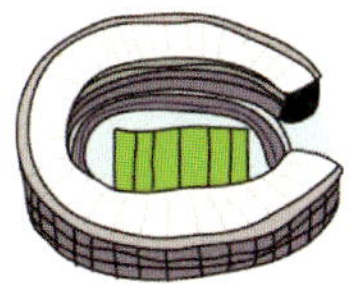

진행되어 지역별 우승팀은 시즌 오프(주로 1월 1일)에 거행되는 선수권 시합에 출전할 수 있는 자격을 얻는다. 이 시합이 치러지는 경기장이 사발(bowl) 모양을 닮았다고 해서 볼 게임이라고 하며, 해당 개최지의 명물이나 특산품의 이름과 합쳐져서 대회의 명칭이 되었다.

우리가 꼭 알아야 것은, 미국 풋볼 경기 중에 중계하는 진행자가 "Second and seven"이라고 말하는 의미이다. 그 말은 두 번째 공격에서 7야드 남았다는 뜻으로 이해하면 된다.

2. Golf

미국에서 골프는 서민들이 손쉽게 할 수 있는 운동 중의 하나이다. 왜냐하면 비용이 한국에 비해 매우 적게 들기 때문이다. 일반적인 골프장을 평일에 사용할 때에는 30~50$, 주말에는 40~70$이다. 고급 골프장의 가격은 주중 70$, 주말에 90$ 정도이다.

Golf는 코스 위에 정지하여 있는 볼을 클럽으로 쳐서 정해진 홀에 넣어 그때까지 소요된 타수로 우열을 겨루는 구기경기이다.

넓은 코스에 숲이나 계곡, 연못, 작은 산 등 장애물을 인공적으로 만들기도 하고, 자연의 강이나 바다를 이용하기도 한다. 볼을 처음 치기 시작하는 지역인 티잉그라운드 및 페어웨이·러프·벙커·워터해저드·그린·홀 등으로 이루어져 있다.

또 코스와 경계는 목책이나 말뚝으로 표시하는데, 경계 밖을 OB라고 한다. 볼을 쳐서 넣는 구멍인 홀의 수는 정규의 것은 18개로 18홀이라 부르며, 전반의 9홀을 아웃이라 하고 후반의 9홀을 인이라 부른다. 플레이어는 한 홀에 볼을 넣고 나면 다시 다음 티그라운드에서 새로운 홀을 향하여 플레이한다.

그린에의 샷은 정교한 기교를 필요로 하고, 마지막으로 지름이 11㎝도 채 못 되는 홀에 볼을 넣는 것은 당구와 같은 섬세성을 필요로 하므로 종합 스포츠로서의 특색을 갖추고 있다.

한편, 코스를 1바퀴 돌면 7~8㎞의 거리에 이르므로 하이킹 또는 사냥 등과 같은 레크리에이션 효과를 즐길 수도 있다. 핸디캡의 채용으로 남녀노소가 동등하게 기를 겨룰 수 있으며, 룰 적용의 심판은 플레이어 자신이 해야 하고, 규칙은 다른 스포츠에서는 볼 수 없을 만큼 미묘하게 세분화되어 있는 점이 골프의 특징이다.

3. Baseball

미국의 프로 야구는 Major League Baseball이라고 불린다. 크게 두 가지로 아래와 같이 나뉜다.

1) National League

1876년 Professional Baseball Club 결성, 8개의 구단으로 시작

2) American League

1901년 National League 선수들을 스카웃하여 8개 팀으로 결성되어 있다. 우리가 잘 아는 Dogers는 National League의 West(서부) 팀이고, Giants는 Central(중부) 팀이다. 그리고 Tigers와 Yankees는 American League의 East(동부) 팀이다.

SHOPPING

UNIT 05

SHOPPING

Introduction

This unit's topic is shopping. You can learn expressions of buying things and refunding of the purchase. When you go abroad, you will most likely go shopping. By learning expressions related to shopping you can enjoy shopping more by talking to the clerk more fluently. Following dialogues give you good practice when speaking English while shopping.

Words

casual	평상복
suit	정장
shirt	남자용 와이셔츠 / 칼라, 커프스 달린 셔츠블라우스
blouse	블라우스
skirt	치마
pants	바지 / 남자용 바지
underwear	속옷
garment	의복 / 옷
wool	양모 / 털실
cotton	목화 / 면직물
glove	장갑
necklace	목걸이
earring	귀걸이
department store	백화점

Words

bill	지폐
coin	동전
receipt	영수증
gift	선물
fit	(의복 따위의)매무새/몸에 맞는 옷
discount	할인
plastic(bag)	비닐 봉투
cheap	값싼
expensive	비싼
mall	주차장을 갖춘 보행자 전용 상점가 / 나무 그늘이 진 산책길
fitting room = dressing room = changing room	탈의실
salesman	남자 판매원
door – to – door salesman	방문 판매원
saleslady	여자 판매원
customer	고객
charge account = account with a shop, store, etc under an agreement for payments at a later date	외상거래
hold up	붙잡다 / 쥐다
try on	착용해 보다 / 입어 보다 / 신어 보다
match	어울리다 / 어울리게 하다
look for	찾다
pay cash	현금으로 지불하다
browse	사지 않고 구경만 하다
knock off	할인하다
return	반품하다
for sale	판매용
on sale	세일 중

How much is it?   그것은 얼마 입니까?

I want some shoes.   나는 신발을 원합니다.

Which ones do you like, red or brown?   당신은 빨간색 신발과 갈색 신발 중 어떤 것을 좋아합니까?

May I help you?   제가 당신을 도와 드릴까요?

I'm looking for a sweater.   저는 스웨터를 찾습니다.

It looks good on you.   그것은 당신에게 잘 어울립니다.

What size is this jacket?   이 재킷은 몇 호인가요?

Can I try it on?   제가 이것을 입어 봐도 될까요?

That's $70 plus tax.   세금 포함해서 70$입니다.

That's a bad fit.   그것은 잘 맞지 않습니다.

That's an excellent fit.   그것은 잘 맞습니다.

May I get a refund on this?   이것을 환불 받을 수 있나요?

Dialog 01

Laura: Good afternoon, ma'am. May I help you?

Julia: Yes, I'm looking for a gift for my husband.

Laura: Ma'am, how about this shirt?

Julia: Is it expensive?

Laura: Oh, no, ma'am! It's very cheap. It costs sixty dollars.

Julia: Hmmm….

Laura: What size is he?

Julia: He's size 35. Do you have this in blue?

Laura: Sure. Here you go.

Julia: OK, I'll take it.

Laura: Thank you, ma'am. How would you like to pay for this?

Julia: Cash, please.

Laura: Can I help you?

Julia: No, thanks. I'm just browsing.

　　　…(a few minutes later)

Julia: Excuse me. How much is this jacket?

Laura: Five hundred dollars, Ma'am.

Julia: That's expensive. What's it made of?

Laura: It's made of leather. It'll look good on you. Would you like to try it on?

Julia: Yes, I would. Where is the dressing room?

Laura: It is over there.

Julia: OK. That is a tight fit. Do you have it in a larger size?

Laura: Wait a minute. I'll check it.

Julia: Thank you.

Laura: Here it is.

Julia: May I try this on?

Laura: Yes, of course. That's an excellent fit.

Julia: Thanks. I like it. Could you give me a discount?

Laura: I'll knock off just fifty dollars.

Julia: OK. I'll take it.

Laura: How would you like to pay for this?

Julia: I'm paying in credit.

Laura: All right. Paper or plastic?

Julia: Paper, please.

Emily: Good morning, Sir. May I help you?

Frank: Excuse me. I'd like to return this electric fan.

Emily: What's wrong with it?

Frank: It doesn't work.

Emily: OK. Do you have the receipt?

Frank: Yes. Here it is.

Emily: Would you fill in this form and sign your name, please?

Frank: OK.

Emily: Thank you.

Pair Work

How often do you shop in a department store or a shopping mall?

What's your favorite color?

Is it made of cotton?

I really like it, where did you buy it?

Where can I buy a fountain pen?

Are there any clothing stores here?

Yes, there are. They are on the second floor.

How would you like to pay for this?

"The customer is always right." What does it mean?

Would you like to be a salesman(or saleslady) in a department store?

가장 좋아하는 색깔에 대해 물을 때에는 "What's your favorite color?"라고 하고, 대답할 때에는 색깔만 말하든지 아니면 "My favorite color is green." (내가 가장 좋아하는 색깔은 초록색입니다.)라고 답한다.

아래 색깔 도표를 활용하여 연습해 보세요.

| Colors

red	빨강
orange	주황
yellow	노랑
green	초록
blue	파랑
dark/deep blue	남색
pink	분홍
purple	자주
brown	갈색
white	하양
gray	회색
black	검정

지불 방법에 대해 물을 때에는 "How would you like to pay for this?"나 "(Will that be) cash or charge?"라 하고, 현금일 경우에는 "Cash, please."라 답하고, 카드일 경우에는 "Charge, please."라고 답한다.

층을 말할 때에는 서수를 사용한다. 예를 들어, "그것은 5층에 있습니다."를 영어로 하면, "It is on the fifth floor."이다.

"The customer is always right." What does it mean?("고객은 항상 옳다" 이 의미는 무엇일까요?)

"This expression means that the department store must strive to please its customers."(이 표현은 백화점이 고객의 마음에 들도록 노력해야 한다는 것을 의미한다.)

이 의미는 고객이 아무리 무리한 요구를 할지라도 요구에 부합할 수 있도록 노력해야 한다는 철저한 서비스 정신을 강조하는 것이다.

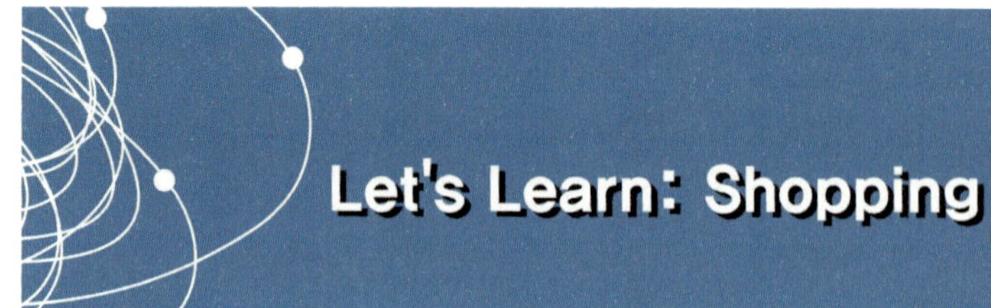

1. 상점의 종류 

1) 할인 소매점(대형 식품점)

주로 Supermarket 형태이다. 대형 식품점이지만 화장지, 치약, 빗 등 잡화 용품도 판매한다. Wal－Mart, K－Mart, Target와 같은 체인점 형태

2) 창고형 할인점

Sam's Club, Price Club과 같이 회원제로 운영되는 형태

3) 쇼핑몰(Shopping mall)

Sears, J.C. Penny와 같은 쇼핑몰이 있고, 주로 교외에 자리를 잡고 있는 Outlet Mall

4) 소매점(Corner store)

가족이 중심이 되어서 운영하는 구멍가게 수준의 형태

2. 환불 보장 제도

미국의 대부분 상점들이 물건 구입 후 소비자가 주어진 기간 내에 물건을 돌려주고 돈을 되돌려 받을 수 있는 money back guarantee(환불 보장 제도)를 채택하고 있다. 30일간의 환불 보장이 대부분이지만 특정 물건에 따라서는 일주일이나 보름 등으로 제한을 두기도 한다. 물건에 하자가 있을 경우는 물론이고, 그냥 물건이 마음에 들지 않는다는 이유만으로 환불을 받을 수 있다.

환불을 받기 위해서는 물건 구입할 때 반드시 영수증을 잘 보관해 두도록 해야 한다. 영수증을 분실했을 경우에는 환불과 교환이 불가능하다.

3. Plus Tax

상점에서 가격을 물을 경우에는 직원이 "100 dollars 50 cents plus tax."라고 한다. 이는 물건의 가격에서 세금을 뺀 가격을 적어 놓은 것이다. 세율이 주마다 다르기 때문에 같은 물건을 구입하는 데 드는 비용도 주마다 다르다.

4. Moving Sale

이사를 할 경우 광고를 학교나 아파트 게시판에 붙여서 자신의 물건을 처분한다. 하지만 미국 주택가에서는 자기 집 정원에 'yard sale'이나 'garage sale'이라고 써 놓은 뒤 자신의 물건을 처분한다.

ASKING DIRECTIONS

UNIT
06

UNIT 06

ASKING DIRECTIONS

Introduction

In this unit, you will practice expressions of asking directions. When you take a trip abroad, you are usually not familiar with that place. You may look up the place on a map, but sometimes it is difficult to read a map. Then you have to ask the natives for directions. If you are familiar with the native language of the country, you can ask questions in that language. However, when you don't speak the language, at least you should be able to speak in English. While you are practicing these dialogues, you can learn how to ask directions and understand the responses.

Words

direction	방향
address	주소
street	~로 / ~가 / 거리
avenue	대로
curb	차도와 인도 사이의 연석
traffic light	신호등
interchange	환승역 / 입체 교차점
intersection	교차로
express way	고속도로
overpass	육교
underpass	지하도
station	역 / 정거장 / 방송국
gas station	주유소
bus stop	버스 정류장

Words

fare	요금
change	거스름 돈
station	역
taxi stand(stop)	택시 승차장
exit	출구 / 출구 램프
entrance	입구
uptown	시가지의 높은 지대 / 주택지구
downtown	도심지 / 상업지구
subway	지하철
tube = underground	영국에서 subway 대신 사용하는 단어
local bus	시내버스
double – decker	2층버스
sightseeing bus	관광버스
Metro bus	대도시 버스
Greyhound bus	미국의 버스 회사의 버스
round – trip ticket	왕복표
one – way ticket	편도표
token	토큰 / 지하철이나 버스의 대용 화폐
driver's license	운전면허증
license number	자동차 번호판의 번호
parking lot	주차장
stranger	이방인
make a detour	우회하다
walk up	걸어가다
go straight	똑바로 가다
turn right	오른쪽으로 돌다
turn left	왼쪽으로 돌다
on your right	오른쪽에 있는
on your left	왼쪽에 있는

How much is the fare?   요금은 얼마입니까?

Are you going to Flushing?   Flushing으로 갑니까?

Which bus do I take?   몇 번 버스를 타야 하나요?

Where is the post office?   우체국이 어디죠?

How do I get to the amusement park?

놀이공원에 어떻게 가야 하나요?

Go straight and turn left. It's on your right.

똑바로 걸어가서 왼쪽으로 도세요. 오른쪽에 있습니다.

And then transfer to bus number 16.

그러고 나서 16번 버스로 갈아타세요.

Walk straight up until you find the bank.

당신이 은행을 발견할 때까지 똑바로 걸어가세요.

You can't miss it.   꼭 찾을 수 있을 것입니다.

Where do I have to change buses?

어디서 버스를 갈아탈 수 있나요?

Where can I get a ticket?   표는 어디서 구입할 수 있나요?

You can get it over there.   저기서 구입할 수 있습니다.

Is this seat taken?   자리 있나요?

This seat's occupied. 자리 있습니다.[(다른 사람이 사용하고 있다는 의미, 다시 말해 이용할 수 없다는 뜻)(occupied는 화장실에서 사용 중이라는 뜻)]

How often does it run?   얼마나 자주 운행합니까?

It runs every five minutes.   5분마다 운행합니다.

Please take me to Time Square.   Time Square로 데려다 주세요.

Please stop in front of that blue building.

파란 건물 앞에 세워 주세요.

Where am I?   여기가 어디에요?

Where are we now?   이곳은 어디죠?

What street is this?   여기는 무슨 거리입니까?

Here is Park Ave.   여기가 Park Ave입니다.

Thank you for your directions.   길 안내에 감사합니다.

Mary: Excuse me. Can you tell me where the hospital is?
Kathy: Walk down this street, and then turn left.
Mary: How far is it to the hospital?
Kathy: It's not so far. It's about a ten-minute walk.

Taxi Driver: Good morning. Where to, ma'am?
Laura: Will you take me to Hilton Hotel?
Taxi Driver: All right, ma'am.
Laura: How long will it take to get there?
Taxi Driver: It takes about 30 minutes.
Laura: How much is the fare?
Taxi Driver: That'll be $25, ma'am.
Laura: OK. Here you are. Keep the change.
Taxi Driver: Thank you, ma'am.

Crystal: Excuse me. Where is Rockefeller Center?

Eric: It's quite far away. You had better take a subway.

Crystal: Where is the subway station?

Eric: Go straight. Turn right at the blue building and you'll see it.

Crystal: Oh, I see. Which station do I get off?

Eric: You should get off at the next station.

Crystal: Thank you very much.

Pair Work

Could you tell me where Columbia University is?

How long does it take for you to get home?

Does this go to Empire State Building?

Which bus goes to Central Park?

The number 5B bus, I think.

Excuse me. I am a stranger here. What's the name of this avenue?

Do you know the exact address?

It's 43 West 32nd St.

미국에서 길을 찾을 때에는 Street과 Avenue를 정확하게 알면 쉽게 찾을 수 있다. 미국의 도시는 Street과 Avenue가 직각으로 교차하고 있기 때문이다. 주로 Street은 동서로 뻗은 도로를 뜻하고, Avenue는 남북으로 뻗은 도로를 뜻한다. 택시(taxi/taxicab)를 이용할 때에는 기사에게 주소를 주면 목적지 문 앞까지 태워다 준다.

상대방이 집에 가는 데 시간이 얼마 정도 걸리는지 물어볼 때에는 "How long does it take for you to get home?"라 하고, 대답할 때에는 "It takes 30 minutes."(30분 걸려요.)라고 한다.

뉴욕 센트럴파크로 가는 버스 노선을 물을 때에는 "Which bus goes to Central Park?"라고 하고, "The number 5B bus, I think."(5B 버스요.)나 "Take the 5B bus."(5B 버스 타세요.)라고 대답한다.

1. 지하철(subway)

미국 지하철은 주로 대도시 New York, Washington, Chicago, LA, 그리고 Seattle 등에만 있다. 보통 자동판매기에서 목적지를 선택하여 요금을 확인하고 돈을 투입하여 표를 산다. 그리고 one day pass(1일권)나 seven days pass(7일권)가 있으므로 자신의 일정에 맞추어 선택하고 요금을 확인한 뒤에 돈을 투입하여 표를 구입한다.

지하철을 탈 때 주의사항은 Local인지 Express인지를 확인해야 한다. 지하철 방송을 잘 듣거나 지하철 옆면에 쓰인 전광판을 주의 깊게 보아야 한다. Local Subway란 역마다 정차하고 24시간 운행되는 것이다. Express Subway란 주요역만 정차하고 주로 출퇴근 시간에만 운행된다.

이외에도 주의할 사항은 Uptown으로 가는 지하철인지 Downtown으로 가는 지하철인지 주의 깊게 보아야 한다. Uptown은 북쪽 방면으로 가고 Downtown은 남쪽으로 가는 지하철이다.

2. 버스(bus)

미국의 버스는 대도시에서 흔히 볼 수 있다. 버스 노선이나 운행 횟수가 우리나라보다 불편하다. 미국은 자동차 문화가 발달되어 한 집에 적어도 한두 대 이상의 차를 가지고 있어서 주로 차를 이용한다. 그러므로 버스는 출퇴근 시간에만 자주 운행하고 그 이외 시간에는 거의 한 시간에 한 번 정도 운행하는 편이라 차가 없는 시민들은 불편하다.

버스는 시내버스(Metrobus)와 장거리버스(coach)가 있다. 여기에서 워싱턴에서 운행되는 한 시내버스를 예로 들어 보겠다.

Lee Highway Line은 3A, 3B, 3E 버스만 운행된다. 주로 새벽 5시부터 운행되고, 버스 정류장마다 운행 시작 시간이 다르다. 출퇴근 시간에는 약 15분~20분 간격으로 운행되며, 그 이외의 시간에는 한 시간에 한 번 정도 운행된다. 제일 주의해야 할 것은 목적지 방향이다. 버스가 Eastbound(동쪽방향)로 가는지 Westbound(서쪽방향)로 가는지를 본다. 그 다음에는 평일(Weekday), 토요일(Saturday), 일요일(Sunday)에 따라 운행 스케줄이 다르므로 확인해야 한다. 그리고 New Year's Day처럼 국경일에는 버스 회사마다 운행 여부가 다르므로 확인해야 한다. 버스 시간표 책자가 없을 경우에는 버스 정류장에 있는 전화번호를 보고 전화해서 알아보아야 한다.

3. 열차(train)

미국 열차는 국토가 넓은 미국에 매우 유용한 교통수단이다. 1971년 미국은 국유여객철도회사 Amtrak(National Railroad Passenger Corporation)를 설립하였다. 근거리 열차에는 일반 좌석에 스낵바를 구비해 놓았고, 장거리 열차에는 일반 좌석과 침대차, 식당차 등을 구비해 놓았다.

현재 Amtrak이 적자 상태이므로 여객 수송보다는 화물 수송으로 명맥을 유지하고 있는 실정이다.

THE RESTAURANT

UNIT **07**

UNIT 07

THE RESTAURANT

Introduction

Topics of Unit 7 are a restaurant, ordering, dishes and flavors of food. The dialogues are the talks between a waiter or a waitress and a guest. Through listening to the dialogues, you can learn how to order, how to express the taste of dishes, and how to respond in different situations at the restaurant. Practice the expressions and make use of them when you visit a restaurant in a foreign country.

Words

order	주문
green pea soup	완두콩 수프
onion soup	양파 수프
vegetable soup	야채 수프
appetizer	식욕을 돋우기 위해 먹는 음료나 술 그리고 간단한 음식
salad	샐러드
bread	빵
fish	생선
chicken	닭고기
meat	고기
steak	스테이크 / 두껍게 썬 고기
tenderloin steak	안심

main dish	주 요리
beverage	음료
coke = Coca – Cola	콜라
soda	사이다 / 소다수
rich milk	진한 우유
portion	양 / 1인분
a glass of water	물 한 잔
a cup of coffee	커피 한 잔
breakfast	아침 식사
lunch	점심 식사
dinner	저녁 식사
dress code	복장규정
casual clothes	간편한 옷 / 캐주얼 옷
jacket and tie	정장 차림
doggie bag	식당에서 손님이 먹다 남은 것을 넣어 주는 봉지
well – done	잘 구운
medium	중간 정도로 익힌
rare	거의 익히지 않은
hot	뜨거운
spicy	향긋한 / 매운
sweet	달콤한
salty	찐 / 소금기 있는
greasy	기름기 있는
delicious	맛있는
bland	담백한 / 맛이 부드러운
hard – boiled	완숙한
soft – boiled	반숙한
sunny – side up	달걀을 한쪽만 지진 / 반숙의
scrambled eggs	버터 / 우유를 섞어 지진 달걀
fried	기름으로 튀긴
over easy	한쪽만 fry하고 난 후에 살짝 다른 쪽으로 뒤집어서 아주 짧은 순간만 익히는 것
make a reservation = book = reserve	예약하다

Should I be formally dressed? = Do we have a dress code?

내가 정식으로 입어야 하나요? = 복장규정이 있나요?

Would you like to have lunch?   점심을 드실래요?

What is good today?   오늘은 뭐가 맛있습니까?

What's today's special?   오늘의 특별요리는 무엇입니까?

I would recommend fish.   생선을 추천합니다.

I'll have a glass of water.   물 한 잔 주세요.

May I have some more coffee?   커피 한 잔 더 주실래요?

Let me have roast beef.   구운 쇠고기 요리 주세요.

What comes with the special?   특별한 것으로 무엇이 나오나요?

Ice cream and fresh fruit.   아이스크림과 신선한 과일입니다.

I'd like a large soda.   사이다 큰 것 주세요.

I like French food a lot.   저는 프랑스 음식을 많이 좋아합니다.

I don't like salty food.   저는 짠 음식을 좋아하지 않아요.

Here's your order. I didn't order this.

여기 주문하신 것 나왔습니다. 이런 것 주문하지 않았는데요.

I'll have the same.= Same here.   같은 것으로 주세요.

Can I have a doggie bag?= Give me a doggie bag, please.

이 남은 음식 좀 싸 주세요.

Pickup or delivery?   가져가실래요? 배달해 드릴까요?

Check, please.   계산서 주세요.

How much is my share?   제가 얼마 내면 되지요?

It's my turn.   제 차례입니다.

It's on me.   제가 낼게요.

I'll buy a treat.   제가 한턱낼게요.

This'll be my treat.   이번은 제가 한턱낼 차례입니다.

Let's go fifty‑fifty.   반반 부담합시다.

Let's spilt the bill.   돈을 나누어 냅시다.

Let's go Dutch.   비용을 각자 부담합시다.

Tim: Hello. Louie's Restaurant. May I help you?

Emily: Hello. I'd like to reserve a table for tonight at 7:00.

Tim: Yes, of course. How large is your party?

Emily: For six people.

Tim: Can I have your name, please?

Emily: My name is Emily.

Tim: Would you like smoking or nonsmoking?

Emily: Nonsmoking, please.

Tim: Confirming, tonight at 7:00, six people in nonsmoking section, in the name of Emily. Is that right?

Emily: That's fine.

Tim: Your reservation is confirmed. Thank you.

Emily: Good bye.

Tim: May I take your order?

Justin: Yes, three hamburgers and two pieces of chicken, please.

Tim: What would you like for drinks?

Justin: Two glasses of orange juice and one coke, please.

Tim: Anything else?

Justin: That's all.

Tim: For here or to go?

Justin: To go, please.

Tim: That'll be $25.50.

Carl: Are you ready to order, Miss?

Crystal: We haven't decided yet. Please give me few more minutes.

Carl: Have you decided yet?

Crystal: What would you like to suggest?

Carl: I would suggest steak and baked potato.

Crystal: OK. I'd like to have a tenderloin steak with baked potatoes.

Carl: How would you like your steak, Miss?

Crystal: Well–done, please.

Carl: Vegetable soup or onion soup?

Crystal: Onion soup, please.

Carl: All right. And would you like a salad?

Crystal: Yes, I'll have a mixed green salad.

Carl: OK. What kind of dressing would you like?

Crystal: Thousand Island, please.

Carl: Would you like anything to drink?

Crystal: I'll have a large coke, please.

Carl: Would you like to order some dessert?

Crystal: I'll have a dish of chocolate ice cream, please.

Carl: OK. I'll be right back with your order.

Which meal do you like best? = What is your favorite food?

I like Chinese food.

Where is the nearest restaurant?

It's between the post office and the hospital.

There's one around the corner.

What would you like to drink?

I'd like a large coke.

I'll have coffee.

What would you like to eat?

I'd like a hamburger.

I'll have a small salad.

What kind of dressing would you like?

I'd like Italian, please.

Do you usually eat breakfast?

What do you like for breakfast?

What kind of dessert do you like?

How do you want your steak? = How would you like your steak?

Who washes the dishes at your house? Why?

Would you like anything else?

Yes, please. I'd like some water.

No, thank you. That will be all.

식당에서 남자 종업원(waiter)이나 여자 종업원(waitress)이 음료 주문받을 때 "What would you like to drink?"라고 묻고, 손님은 "I'd like~."나 "I'll have~." 문장으로 답한다. 예를 들어, 콜라를 주문할 때에는 "I'd like a small coke."이나 "I'll have a small coke."라고 답하기도 하고 "A coke, please."라고 하기도 한다.

종업원들이 자주 하는 질문 중의 하나는 손님이 스테이크를 어느 정도 익히기를 원하는지에 관해서다. "How do you want your steak?"(스테이크를 어느 정도로 익혀 드릴까요?)라고 묻고, 손님은 세 가지 형태 중에서 고른다. 거의 익히지 않은 상태를 원하는 경우에는 "Rare, please."라고 하고, 중간 정도 상태를 원할 때에는 "Medium, please."라고 하고, 완전히 익히고 싶을 때에는 "Welldone, please."라고 한다.

식당이나 주로 패스트푸드점에서 종업원이 자주 하는 질문 중의 또 다른 하나는 "Here, or to go?"(여기서 드시겠습니까? 포장해 가시겠습니까?)이다. 대답은 둘 중 하나를 대답하면 된다.

현금으로 식사 값을 계산할 때에는 종업원에게 계산서와 현금을 준다. 그러면 종업원이 영수증과 거스름돈을 가져온다. 팁을 줄 때에는 식당 테이블 위에 두고 오면 된다. 보통 10~15% 정도 팁을 주면 된다. 카드로 식사 값을 계산할 때에는 영수증 팁난에 주고 싶은 금액과 합계액을 적은 뒤에 서명하면 된다. 신용카드를 사용할 때 주의사항은 카드 뒤에 꼭 본인의 서명을 해야 한다는 것이다. 서명이 없을 시에는 사용할 수 없게 된다.

1. 미국의 식사

1) 아침 식사: 간단하게 우유에 씨리얼이나 요플레, 토스트, 소시지, 베이컨, 베이글, 그리고 과일 등을 먹는다.

2) 점심 식사: 학생들은 샌드위치 도시락을 주로 싸 가는 편이고, 일주일에 한 번 정도는 학교에서 피 자를 식성에 맞추어 주문해서 먹고, 한 번은 세 가 지 정도의 세트 중에서 선택하고 주문해서 먹는다. 학교 안에 카페테리아가 구비되어 있을 경우에는 대부분 학생들이 이용한다.

3) 저녁 식사: 보통 식사 코스로 한다.

Appetizer: 식욕을 돋우기 위해 먹는 음료나 술, 간단한 요리.

Soup: 양송이 수프나 양파 수프 등을 먹는다.

Salad: 주로 야채샐러드를 먹는다.

Entree: 메인 요리로 소고기, 돼지고기, 닭고기, 양고기, 칠면조, 오리, 해산물 등 이다.

Dessert: 식후에 먹는 가벼운 음식으로 아이스크림이나 과일, 쿠키 등을 먹는다.

2. 샌드위치의 유래와 종류

1) 샌드위치의 유래

 18세기 초반 영국에 카드놀이를 매우 좋아하는 정치가 John Montagu Sandwich 4세가 있었다. 어느 날 카드놀이에 열중하던 그는 식사시간을 넘겼고, 하인이 그를 모시러 온 후에야 마지못해 일어섰다. 그는 식사를 먹는 시간이 아까워서 호밀빵의 가운데를 자르고 팬에 그냥 올려서 굽고 야채와 베이컨 몇 조각을 그 위에 올려서 덮은 다음 빨리 돌아와서 게임에 열중하였다. 그런 도박장에서 시작된 메뉴를 당시 도박장에 있던 귀족들이 보고 따라 하면서 이 식사법이 점차 퍼져 나갔다.

이 음식은 간단히 먹을 수 있으면서 영양가도 높았기 때문에 매우 인기가 많아지게 되었다. 이와 같이 샌드위치 백작이 만들어 먹는 것을 보고 따라 했다고 해서 그 백작의 이름을 붙인 것이 '샌드위치'라는 음식의 유래이다.

2) 샌드위치의 종류

BLT sandwich: 베이컨(bacon), 양상추(lettuce), 토마토(tomato)를 넣은 것.

Tuna sandwich: 참치를 넣은 것. 이 외에 양파, 피클, 달걀 등을 넣은 것.

Grilled sandwich: 불에 구운 빵에 치즈를 넣어 녹여 먹는 것.

Club sandwich: 식빵에 칠면조, 닭, 게 중 하나를 넣고 양상추, 토마토 등을 넣은 것. 이것이 미국인들이 즐겨 먹는 정통 샌드위치라 할 수 있다.

THE AIRPORT

UNIT
08

THE AIRPORT

Introduction

In Unit 8, the topics of dialogues include different situations occurring at the airport. When you travel to another country, you always need to go through the airport. At the airport, you may face different situations such as check−in, immigration control, and customs declaration. Expressions in the dialogues are useful whenever you enter a country or depart from the country. Practice the dialogues and make a conversation in English with confidence.

Words

airline	항공사
airport tax	공항세
flight	비행
domestic flight	국내선
international flight	국제선
connecting flight	연결편
passenger	승객
jet lag	여행으로 겪는 시차에 의한 피로
check−in counter	탑승 수속 카운터
duty−free shop	면세점
customs	세관
boarding pass	탑승권
passport	여권
date of birth	생년월일

sex	성별
date of issue	발급일
date of expiry	기간만료일
personal number	주민등록번호
signature of bearer	소지인의 서명
bearer's address in the Republic of Korea	국내주소
bearer's overseas address	국외체재주소
occupation	직업
first class	일등석
economy class	2등석
business class	비즈니스석
window seat	창가 자리
aisle seat	통로 자리
smoking section	흡연석
nonsmoking section	금연석
round-trip ticket	왕복표
one-way ticket	편도표
destination	목적지
departure time	출발시간
arrival time	도착시간
local time	현지시간
gate	문, 출구
board	탑승하다
baggage = luggage	수하물
baggage check = claim check	짐표
baggage inspection	수하물 검사
baggage claim area	수하물 반환지역 / 짐 찾는 곳
carousel	수하물용 원형 컨베이어
Lost and Found(Office)	유실물 보관소
overhead rack	짐 넣는 선반
currency exchange	환전
currency declaration form	여행자 외화 소지 신고서

security control	보안 검사대
passport control	여권 심사대
customs inspection	세관 검사
immigration	이민
disembarkation card	입국 신고서
immigration office	출입국 관리 사무소
embarkation card	출국 신고서
vaccination card	예방 접종 카드
itinerary	여행 일정표
personal belongings	개인 소지품
transit card	갈아탈 때 공항에서 받아 재탑승 시 보이는 카드

Basic Expressions

Where is the tourist information office? 관광안내소가 어디지요?

I'd like to make a reservation for New York departing tomorrow.
저는 뉴욕으로 내일 출발하는 비행기를 예약하고 싶습니다.

What's the time difference between Seoul and New York?
서울과 뉴욕의 시차는 얼마나 됩니까?

It's 13 hours. Seoul is 13 hours ahead.
13시간입니다. 서울은 13시간 빠릅니다.

Is flight 657 on time? 657편은 정시에 출발합니까?

Where is Gate 14? 14번 출구가 어디지요?

May I have a blanket, please? 모포를 좀 주실래요?

What's the purpose of your visit? 방문 목적은 무엇입니까?

I'm here on vacation. 저는 휴가차 왔어요.

I'm here on business. 저는 사업상 왔어요.

For pleasure. 놀러 왔습니다.

I'm a transit. 갈아탈 승객입니다.

Do you have anything to declare? 신고할 것이 있습니까?

No, I have nothing to declare. 아니오, 신고할 것이 없습니다.

What's the exchange rate today? 외환 시세는 얼마입니까?

1350 won to the US dollar. 1달러 1,350원입니다.

How long are you staying in the United States?

미국에 얼마나 계실 예정입니까?

About two weeks. 약 2주 정도요.

Where can I find my baggages from KE 075?

대한항공 075편으로 온 내 짐을 어디서 찾습니까?

You can pick them up on the carousel number 6 over there.

저쪽에 있는 회전 컨베이어 6번에서 찾으세요.

Dialog 01

Jane: American Airlines. May I help you?

Frank: I'd like to reconfirm my flight.

Jane: What's your flight number and name?

Frank: SW 78521 for Seoul on August 15th. My name is Frank.

Jane: Hold on, please. Your reservation has been reconfirmed.

Frank: Okay. Thank you.

Chris: Can I see your boarding pass, please?

Mary: Here you are.

Chris: Would you like to check in your luggage?

Mary: Yes.

Chris: Can you put them on the scale, please?

Mary: Sure.

Chris: All right. Here are your ticket, passport and baggage claim tag.

Mary: When's the boarding time?

Chris: It's at five at Gate 12. Have a nice flight.

Mary: Thank you. Have a good day.

Chris: Can I help you?

Mary: Yes. I'm a transit. Where can I confirm my flight?

Chris: At Singapore Airlines counter located on the second floor of the first terminal.

Mary: How long will we stop here?

Chris: About three hours.

Mary: Are there any duty-free shops in the waiting room?

Chris: Yes, there are.

Mary: Thank you.

Sam: May I see your passport, please?

Crystal: Here you are.

Sam: What's the purpose of your visit?

Crystal: Sightseeing.

Sam: How long are you staying in England?

Crystal: About three weeks.

Sam: Where will you be staying?

Crystal: I'll be staying at a hotel in London.

Sam: Do you have any return airline ticket?

Crystal: Yes, here you are.

Sam: Good. Have a nice trip.

Crystal: Thank you.

Sam: May I see your passport and customs declaration card?

Crystal: Here it is.

Sam: Do you have anything to declare?

Crystal: No, I don't. Just several gifts.

Sam: Would you please open your bags?

Crystal: Sure. Here you are.

Sam: OK.

What class would you like, economy or first class?

Would you like a window seat or an aisle seat?

How many bags do you want to check?

Is flight 308 on time?

What's the purpose of your visit?

How long are you going to stay in America?

Where are you going to stay?

How much money do you have with you?

I have $200 in traveler's checks and $1000 in cash.

Tip 항공사 직원이 손님이 원하는 좌석에 대해 물어볼 때에는 "What class would you like, economy or first class?"(당신은 일반석을 원하시나요? 일등석을 원하시나요?)라고 한다. 손님은 "First class, please."(일등석이요.)나 "Economy class, please."(일반석이요.)라고 대답한다.

일등석과 일반석은 자리 공간이 넓고 좁음의 차이가 있고, 음식 서비스가 다르므로 가격에 있어서 많은 차이가 난다.

직원이 탑승 수속 카운터에서 손님이 몇 개의 짐을 부치는지 물을 때에는 "How many bags do you want to check?"(당신은 가방을 몇 개나 부치시기를 원합니까?) 손님은 숫자로 대답하면 된다.

입국 심사할 때에는 기본적으로 여행자의 방문 목적과 체류기간, 그리고 체류 장소에 대해 질문한다. "What's the purpose of your visit?"라고 물을 때에는 "Just sightseeing."(단지 관광이요.)이나 "I'm here on business."(나는 사업상 여기에 왔어요.)라고 대답한다.

체류기간에 대해 물을 때에는 "How long are you going to stay in America?"라고 하고, "For three weeks."(3주 동안이요.)라고 대답한다. for 다음에 기간을 말하면 된다.

체류 장소에 대해 물을 때에는 "Where are you going to stay?"라고 하고, "I'll be staying at Walcott Hotel."(나는 월콧 호텔에 머무를 것이에요.)라고 하거나 머무를 집 주소를 말하면 된다.

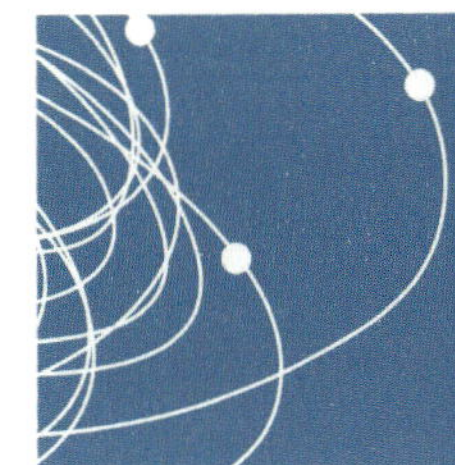

1. 여권(Passport)

| 대한민국(REPUBLIC OF KOREA)

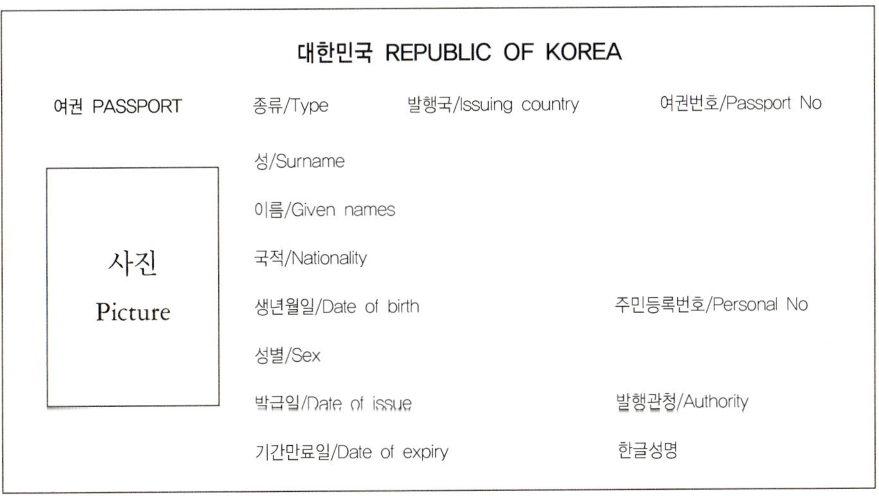

해외여행 시 한국 국민임을 증명해 주는 신분증명서인 여권을 꼭 지참해야 한다. 위의 도표는 여권을 펴면 첫 번째 장에 나오는 내용이다.

여기서 주의해야 할 것은 생년월일 기입 시 일, 달, 연도 순서로 기입되어 있다는 것이고, 성별은 남성일 경우 M(Male), 여성일 경우 F(Female)이라고 기입되어 있다는 것이다. 이 사항은 출국 신고서나 입국 신고서에서도 필요한 사항이다. 그리고 또 하나 주의해야 할 것은 여권 마지막 장에 소지인 연락처(INFORMATION ON BEARER)가 있는데 국내주소(Address in Korea)와 국외주소(Overseas Address), 전화(Telephone)와 휴대전화(Mobile Phone)의 번호를 기입해야 한다.

2. 비자(Visa)

해외여행 시 비자가 없으면 입국이 불가능한 나라가 있다. 그 대표적인 나라는 미국이다. 그러나 미국은 2008년 11월 17일부터 우리 국민에게 비자 면제 프로그램을 적용한다고 하였다. 그러므로 관광과 사업 목적으로 90일 이내는 비자를 발급받지 않아도 된다. 다만 유학이나 이민 목적일 경우에는 비자를 꼭 발급받아야 한다.

THE HOTEL

UNIT **09**

UNIT 09

THE HOTEL

Introduction

The dialogues in Unit 9 include various situations at a hotel. If you can speak in English, it would be helpful to communicate at a hotel whether the hotel is located in English speaking country or not. Dialogues in this chapter help you how to make a reservation, confirm the reservation, check in to the hotel or order a room service. Practice expressions in the dialogues to communicate better at the hotel.

Words

registration card	숙박카드
front desk	안내데스크
desk clerk	접수 담당자
concierge	안내직원
bellboy	보이 / 사환
maid	가정부 / 하녀
manager	지배인
room service	룸서비스 / 방으로 식사 따위를 날라다 주는 서비스
breakfast included	아침 식사 포함
safe deposit box	귀중품 보관함
accomodations	숙박 시설

inn	여인숙 / 여관
motel	모텔 / 차량 이용자 숙박소
luxury hotel	호화스러운 호텔
deluxe hotel	특급 호텔
first class hotel	일급 호텔
standard class hotel	이급 호텔
tourist class hotel	관광호텔
single room	1인용 방
double room	2인용 방
triple room	3인용 방
twin beds	쌍을 이루는 두 싱글 베드
connecting room	방과 방 사이에 있는 전용문으로 옆방에 갈 수 있는 객실
crib	유아용 침대, 영국에서는 cot를 사용한다.
rollaway bed	접침대, 롤러가 달려 있는 침대로 사용하지 않을 때에는 접어 둘 수 있다.
patronage	애용
as soon as possible(ASAP)	가능한 빨리
check in	숙박 수속을 하다
check out	퇴숙 수속을 하다 / 계산을 하고 나오다
fill in(out)	기입하다
deposit	맡기다

I'd like to check in, please. 숙박 수속을 하고 싶습니다.

I'd like a room for tonight. 오늘밤 방을 원합니다.

Please make the bed. 침대 정리해 주세요.

Please call me at six. 6시에 깨워 주세요.

Please wake me up at six tomorrow morning.

내일 아침 6시에 깨워 주세요.

Would you call a taxi for me? 저를 위해 택시를 좀 불러 주실래요?

Can I have Mr. Charlie paged? 찰리 씨를 불러 주시겠습니까?

Dialog 01

Alex: Good afternoon. Walcott Hotel. May I help you?

Linda: Yes, I'd like to make a reservation. Two rooms for three nights. A single room and one double room. What is your rate?

Alex: Yes, ma'am. A single room costs $100 a day. A double room costs $120. May I have your name and phone number, please?

Linda: My name is Linda and my number is 615 – 772 – 3148.

Alex: OK, when would you like to stay with us?

Linda: We will arrive there on 31st of July. By the way, is breakfast included?

Alex: Yes, of course. Do you have any other questions?

Linda: No, that's all.

Alex: Thank you very much. Your reservation has been made for three nights, July 31st, August 1st and August 2nd in your name. Have a good day.

Linda: Thank you.

Brian: Good morning. Hilton Hotel. Can I help you?

Frank: Yes, I'd like to check in, please.

Brian: Did you have a reservation?

Frank: Yes, I did. My name is Frank.

Brian: Wait a moment, sir. Yes, your room is 1710. Would you fill out this registration card, please?

Frank: Yes.

Brian: Is this all the luggage you have?

Frank: Yes, of course.

Brian: The bellboy will take your luggage.

Frank: Thank you.

Thomas: Hello, this is room service. May I help you?

Darcy: This is Mr. Darcy in room 825. I'd like to have a suit pressed. And three pieces of chicken, please.

Thomas: Sure. Thank you. I'll send someone right up for it. And it will be delivered to your room ASAP.

Darcy: Thank you. May I ask a favor of you? Would you please wake me up at 7:00?

Thomas: All right, sir.

Crystal: Good morning. I'd like to check out, please. I'm Miss Crystal in 1618.

Alex: Good morning. Wait a minute, please. Here is the bill. It comes to $720 including taxes.

Crystal: Here it is.

Alex: Thank you.

Crystal: Could you call me a taxi, please?

Alex: Certainly. Thank you for your patronage, Miss Crystal. Please come again.

Pair Work

Which do you want, a single or double?

A single, please.

How long are you going to stay?

I will be here for two days.

Is there a restaurant near the hotel?

Yes, there is.

Tip 호텔 근처에 음식점이 있는지 물어볼 때에는 "Is there~?" 구문을 사용한다. 긍정일 경우에는 "Yes, there is."라고 하고, 부정일 경우에는 "No, there isn't." 라고 대답한다.

1. 미국의 숙박시설 유형

유스호스텔, YWCA, YMCA, 모텔, 이코노미 호텔, B&B, 중급호텔, 고급호텔 등이 있다. 이 중 유스호스텔은 가격이 제일 저렴하며 배낭 여행자가 많이 이용한다. YWCA, YMCA는 기독교계 숙박시설로 다운타운에 위치해 있다. B&B는 아침식사가 나오는 것이 특징이다. 여기서 B&B는 Breakfast and Bed를 줄여서 말한 것으로 아침식사와 잠자리가 제공된다는 뜻이고 미국보다는 영국에서 흔히 볼 수 있는 유형이다. 미국 대부분 중급 호텔 이상은 아침식사가 제공되는 편이다.

2. 호텔 방의 유형

1) 1인용 객실: single room

2) 2인용 객실: double room(2인용 침대가 있는 방)

3) 2인용 객실: twin room(싱글 침대 두 개가 놓여 있는 방)

4) 3인용 객실: triple room

5) 응접실이 딸린 고급 객실: suite

6) 욕실이 있는 객실: room with bath

7) 욕실이 없는 객실: room without bath

3. 호텔 서비스와 팁

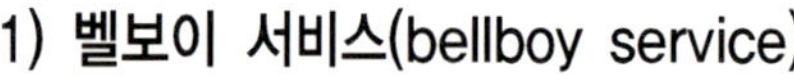

1) 벨보이 서비스(bellboy service)

손님의 짐을 대신 들어 주는 서비스로 손님은 짐 한 개당 1~2$ 정도의 팁을 주면
된다.

2) 룸서비스(room service)

손님이 음식이나 타월 등을 요구할 때 가져다주는 서비스로
팁은 보통 10~15% 정도 주고, 부족한 타월을 부탁했을 때에는
1~2$ 정도 주면 된다.

3) 룸 메이드(room maid)

호텔에서 객실을 정리, 정돈하는 여자 직원으로, 청소나 수건을 교체하고, 세면도구
나 차 등 소비품을 구비해 놓는 역할을 한다. 숙박을 하고 난 뒤 호텔에서 나올 때에
는 베개 밑에나 light table 위에 1~2$ 팁을 올려놓는다.

4) 세탁 서비스(laundry service)

세탁물은 룸서비스로 부탁하거나 Self-Laundromat(셀프서비스식 동전 세탁소)를 이
용한다. 셀프서비스식 동전 세탁소는 주로 호텔 지하에 있으며 세제와 린스를 자판기
에서 구입하여 동전을 넣고 세탁 버튼을 누르면 된다.

THE POST OFFICE

UNIT 10

THE POST OFFICE

Introduction

The topics of Unit 10 include sending letters and packages. When you stay in a foreign country, you can have a chance to using postal services such as sending post cards or gifts to your family and friends. By practicing following dialogues, you can learn useful expressions to communicate at a post office.

Words

ounce(28.4 grams)	온스
pound(16 ounces)	파운드
postage	우편 요금
registered mail	등기
express mail	속달
airmail	항공 우편
surface mail = sea mail	선박 우편
money order	우편환
money order form	송금 용지
return address	회신 주소 / 발신인 주소
telegram	전보
commemorative stamp	기념우표
envelope	봉투
postcard	엽서
mailman = letter carrier	우편집배원

post office box	사서함
letter slot	편지 투구
send	보내다
enclose	동봉하다
mail	우송하다 / 우편에 부치다
deliver	배달하다
weigh	무게를 달다

Basic Expressions

I'd like to send this letter to my sweetheart in Canada.

저는 이 편지를 캐나다에 있는 애인한테 보내고 싶습니다.

I want to send this letter by registered mail.

저는 이 편지를 등기로 보내고 싶습니다.

Please give me a telegram form.   저에게 전보용지를 주세요.

Will you give me a money order form?

저에게 우편환 용지를 주실래요?

How much is the postage on this?   이것의 우편 요금은 얼마죠?

What is the postage for this letter?

이 편지에는 얼마짜리 우표를 붙어야 합니까?

It will be $3.   3달러치를 붙여야 될 겁니다.

What's the airmail rate?   항공 우편 요금은 얼마죠?

How long will it take to get there?

거기로 도착하는 데 얼마나 오래 걸리나요?

What does it contain?   그 안에 무엇이 들어 있나요?

Darcy: May I help you?

Laura: Yes, I'd like to send this letter by airmail. How much is the postage on this?

Darcy: Put it on the scale, please. Let me weigh it···. It weighs 12 grams. That'll be $5.20.

Laura: How long will it take?

Darcy: It will take one week.

Darcy: May I help you?

Tim: I want to send this package to Korea.

Darcy: Airmail or sea mail?

Tim: Is there any difference in price?

Darcy: Let me weigh it. $15 by airmail and $3.50 by sea mail.

Tim: How long does it take by sea mail?

Darcy: About one month.

Tim: That's too long. How long by airmail?

Darcy: About 5 days or so.

Tim: Please send it by airmail, then.

Darcy: All right. Fill this out, please.

Darcy: Good afternoon. May I help you?

Chris: I'd like to send this by express mail.

Darcy: What does it contain?

Chris: I enclosed some checks and photographs.

Darcy: Did you write your return address on the envelope?

Chris: Yes, I did. What's the rate?

Darcy: Wait a minute. $20.75, please.

Alex: Next, please.

Darcy: I'd like to send this letter by registered mail.

Alex: Where to?

Darcy: To london. How long will it take?

Alex: It will take two days or three days.

Darcy: What's the postage for this?

Alex: The cost depends on the weight.

1. USPS(the United States Postal Service)

　　USPS는 하루에 약 1억 5천만 개의 우편물을 취급하는 미국 정부기관이다. 미국의 우체국은 시민을 위한 다양한 서비스를 제공하는데 그중 다음과 같은 서비스가 잘 제공된다.

　　첫째, forwarding service이다. 이 서비스는 이사를 가게 될 경우 이전 주소로 보내진 우편물을 자동으로 새 주소로 보내 주는 것이다. 이 서비스는 한국에도 있는 편리한 서비스이다.

　　둘째, hold mail service이다. 이 서비스는 장기간 집을 비우는 경우에 최대 30일간 우편물을 우체국에 보관하는 것이다. 주로 여행이나 일로 장기간 집을 비울 때 사용한다.

　　대부분 학교 우체국이 있어서 편리하다. 우체국의 업무 시간은 지역마다 약간씩 다르지만 보통 평일은 오전 8시~오후 5시이고 토요일은 2시 정도까지이다.

　　우체국 안에는 Postal store가 있어서 인형, 기념품, 편지용품 등을 구비하고 있다. 그리고 Shipping Supplies 코너가 있다. 이것은 부쳐야 할 물건을 포장할 수 있는 포장지, 상자 등을 파는 가게이다. 가장 인상 깊었던 것은 워싱턴의 한 우체국에서 노트북을 소포로 부치는데 노트북이 안전하게 들어갈 수 있는 특별 상자를 팔고 있다는 것이다. 미국 우체국에는 우리나라에서 볼 수 없는 안전성을 고려한 다양한 포장 형태들이 있다는 것이다.

　　미국인들은 보통 미국의 우체국 창구를 이용하여 직원으로부터 도움을 받기도 하고 무인 판매대에서 직접 우편물을 보내기도 한다.

2. Library Card Application(도서관 카드 신청서)

Library Card Application

Circle one: MR   MS
(남성과 여성 중에 동그라미 하시오.)
Name ____
        Last   First   Middle
(이름   성   이름   중간 이름)
E - Mail ____
(이메일)
Phone Number _________ - _________ - _____________
(전화번호)
Birth Date_____/______/______
(생년월일 *일/월/연도 순으로 쓴다.)
Mailing Address: ______________________________________
             Street Address or PO Box Apt. No.
(주소: 거리 주소 또는 사서함 아파트. 번호
 *PO Box란 Post Office Box의 약자이다.)

____
        city   state   Zip Code
        (시   주   우편번호)

I am responsible for items borrowed with this card, and for any fees I owe for overdue, lost or damaged library materials. (나는 이 카드로 빌린 품목들(책이나 카세트테이프 등)과 도서 자료 반납 기한이 지났거나 분실했거나 손상을 입힌 비용에 책임이 있습니다.)
I am responsible for returning items on time even if the library's e - mail reminders do not reach me.
(심지어 도서관의 이메일 독촉장이 나에게 오지 않았을지라도 시간에 맞추어 반납하는 책임이 있습니다.)
I will promptly report any changes in my phone number, e - mail and mailing addresses.
(나는 전화번호, 이메일, 그리고 주소에 변경사항이 있을 시에는 신속히 보고하겠습니다.)
I will immediately notify the library if my card is lost or stolen; I understand there is a charge for card replacement.
(만일 내 카드가 분실되거나 도난당했다면 나는 도서관에 즉시 알리겠습니다; 나는 카드 교체에 대한 청구가 있음을 이해합니다.)

____
signature(서명)

THE BANK

UNIT 11

UNIT 11

THE BANK

Introduction

In Unit 11, you can learn basic expressions related to the bank. When you study abroad, you need to go to a bank to open your account or to receive a remittance. Learning the expressions in the dialogues makes you be more confident when you cash the check or withdraw from your account at a foreign country.

Words

bank clerk = bank employee = teller	창구 직원
cash	현금
loan	대출
interest	이자
mortgage	담보 대출
mortgage payment	주택 융자 상환금
deposit slip	입금표
withdrawal slip	출금표
account	계좌 / 거래 / 설명
account number	계좌 번호
check	수표
PC = Personal Check	개인수표
TC = Traveler's Check	여행자 수표
safety – deposit box	귀중품 보관 박스
ATM = Automatic Teller Machine	현금 자동 입출금기

balance	잔고
confidential access number	비밀 번호
PIN = Personal Identification Number	개인 암호
credit line	대출 한도액
cash advance	현금 서비스
annual fee	연회비
grace period	무이자 사용기간
drive - in bank	자동차전용 은행 / 차를 탄 채 이용할 수 있는 은행
identification card	신분증
driver's license	운전면허증
procedure	절차
exchange rate	환율
savings account	저축 예금
fixed deposit	정기 예금
ordinary deposit	보통 예금
trust deposit	신탁 예금
checking account	당좌 예금
wire address	온라인 송금 번호
wire transfer	온라인 송금
deposit	예금하다
withdraw	인출하다
borrow	대출하다
endorse	이서하다
transfer	이체하다

20 tens, 30 twenties and the rest in ones, please.

10달러 20장과 20달러 30장 주세요. 그리고 나머지는 1달러로 주세요.

What's the procedure for opening an account here?

여기 계좌 개설 절차가 어떻게 됩니까?

May I cash a check here?   수표를 현금으로 바꾸어 주실래요?

I'd like to open a savings account, please.

저는 보통 예금을 개설하고 싶습니다.

I want to deposit some money.

저는 약간의 돈을 입금하기를 원합니다.

I would like to transfer some money.

저는 약간의 돈을 이체하기를 원합니다.

I'd like to cash some traveler's checks.

저는 여행자 수표를 현금으로 바꾸고 싶습니다.

I'd like to change Yen to dollars.   저는 엔화를 달러로 바꾸고 싶습니다.

Please include some change.   잔돈도 섞어 주세요.

What's the exchange rate today?   오늘 환율이 어떻게 되지요?

It's 1350 won per dollar.   1달러에 1,350원입니다.

What's the remittance charge?   수수료는 얼마입니까?

Would you fill out this form, please?   이 양식을 작성해 주시겠습니까?

I'd like to get a safety deposit box.   귀중품 보관 박스를 사용하고 싶은데요.

Can I get a cash advance on this credit card here?

여기에서 이 신용카드로 현금서비스를 받을 수 있습니까?

Sure, you're always welcome to our ATMs over there.

그럼요, 저쪽에 있는 현금 자동 입출금기로 항상 됩니다.

Kathy: Good afternoon. May I help you?

Emily: Yes. I'd like to cash a check, please.

Kathy: Do you have any identification card?

Emily: Yes. Here's my driver's license.

Kathy: OK. Just endorse here, please.

Emily: How would you like it?

Kathy: Let me have 2 twenties, 5 tens and the rest in ones.

Emily: Here you are. That's twenty, forty, fifty, sixty, seventy, eighty, ninety and one hundred.

Kathy: Thank you.

Emily: You're welcome.

Kathy: Can I help you?

Eric: I'd like to make a withdrawal for $2,000 from my account.

Kathy: Would you fill out a withdrawal slip?

Eric: OK.

Kathy: How would you like that?

Eric: Small, please.

Kathy: All right. Thank you.

Kathy: Good morning. May I help you?

Justin: Where is the loan office?

Kathy: Our loan department is on the fifth floor.

Justin: Thank you.

(···a few minutes later)

David: Good morning. What can I do for you?

Justin: I want to see a loan officer.

David: I can help you.

Justin: I'd like to arrange a loan.

David: Do you have any identification card?

Justin: Yes. Here it is.

David: Our interest rate is 7% per month. Is that OK with you?

Justin: Yes.

David: Fill out this loan application, please.

Pair Work

Do you have any identification card?

Would you like it in large or small bills?

Large, please.

How much are you going to put in your account?

I want to put $5,000.

What's your account number?

It's 5723801.

은행 직원이 고객에게 돈을 내줄 때에는 "How would you like it?"이라고 묻는다. 고객은 찾는 금액에 맞추어 필요한 20달러, 10달러, 1달러의 숫자를 말하면 된다. 만일 10달러 20장과 20달러 30장, 그리고 나머지는 1달러로 받기를 원한다면, "20 tens, 30 twenties and the rest in ones, please."라고 대답하면 된다. 필요한 지폐 수를 먼저 말하는 것에 주의한다.

미국에서는 당좌예금(checking account)을 많이 사용하는 편인데, 개인수표를 사용할 수 있기 때문이다. 은행에서 한 달에 한 번 명세서(bank statement)를 보내 주므로 고객은 입출금 내역을 꼼꼼히 확인할 수 있다.

1. 미국 돈

1) 1   cent = penny

2) 5   cents = nickel

3) 10   cents = dime

4) 25   cents = quarter

5) 100   cents = dollar

2. 미국의 Party

1) Slumber party

주로 아이들 파티로, 친구 집에 가서 잠을 자고 오는 파티이다. 이 파티는 pajama 파티라고도 한다. 왜냐하면 아이들이 놀다가 잠옷으로 갈아입고 잠을 자기 때문이다.

2) Baby shower

출산을 앞둔 여성을 위해 여자 친구, 친지, 그리고 동료들이 준비해 주는 파티이다. 주로 아기 용품을 선물로 한다.

3) Bachelor party

　친구들이 결혼을 앞둔 신랑을 위해 열어 주는 파티로 주로 결혼식 전날에 술 파티를 한다.

4) Potluck party

　참가자들이 각자 음식을 마련해서 참석하는 파티로 보통 저녁 식사를 같이하는 것이다. 그러므로 Potluck dinner라고도 한다.

5) Halloween

　Halloween은 만성절 전야나 모든 성자들의 밤이라는 뜻이 있지만 이교도의 축일이다. 10월 31일이고, 처음에는 귀신으로부터 자신을 보호하기 위한 축제였지만 현대에는 아이들이 자신이 좋아하는 만화 캐릭터, 예를 들어 백설공주나 미키 분장을 하거나 무서운 유령 분장을 하고 집집마다 돌아다니며 "Trick or treat!" (장난을 칠까요? 사탕을 줄래요?)라고 외치면 어른들이 사탕이나 과자를 아이들에게 주는 놀이이고 축제가 되있다.

　간혹 아이들의 장난을 싫어하는 어른들은 이날이 되면 일부러 집을 비우는 경우도 있다. 일부 장난이 심한 아이들은 비어 있는 집에 밀가루나 계란을 던지는 경우도 있다. 그러므로 모두가 즐거운 축제를 즐기는 자세가 필요하다.

　이날은 집집마다 늙은 호박 속을 파서 파이를 만들고 속이 빈 늙은 호박에 등을 꽂아 놓기도 한다. 이 축제는 집 안에서 잡귀를 피하던 사람들이 귀신들보다 더 무서운 분장을 하고 거리를 활보하며 으름장을 놓기 위해 축제를 벌인 것에서 유래하며, 과거 켈트족은 10월 31일을 묵은해의 밤이며 마녀의 밤이라 간주하였다. 요즈음 이 축제는 미국뿐만 아니라 한국에서도 호텔과 놀이공원 중심으로 Halloween party를 하고 있다.

THE WEATHER

THE WEATHER

Introduction

Weather plays an important role in one's everyday life. Thus you should know how to converse related to the weather. As you talk about the weather, you can enter into a dialogue more naturally. In this chapter, you can learn expressions regarding temperature and weather.

Words

weather	날씨
climate	기후
snowball	눈뭉치 / 눈덩이
hail	우박
storm	폭풍
thunder	천둥
lightning	번개
raindrop	빗방울
tornado	회오리 / 강렬한 폭풍
shower	소나기 / 진눈깨비
mist	안개
frost	서리

cloud	구름
temperature	온도
Celsius	섭씨
Fahrenheit	화씨
weather bureau	기상청
humid	습기 있는 / 눅눅한
sunny	맑게 갠 / 햇볕이 잘 드는
cloudy	구름이 많은 / 흐린
rainy	비가 오는
windy	바람이 부는
freezing	몹시 추운
mild	온화한
foggy	안개가 자욱한
sticky	무더운/끈적끈적한
chilly	쌀쌀한
forecast	예보하다
predict	예보하다/ 예측하다
rain	비가 오다
snow	눈이 내리다
melt	녹다
freeze	얼다 / 얼 정도로 춥다
fall	떨어지다 / 내리다
bloom	꽃이 피다 / 개화하다
be caught in a rain shower	소나기를 만나다

What's the weather report?　기상 통보는 어떠합니까?

How's the weather today in New York?

뉴욕 오늘 날씨는 어떠합니까?

It's supposed to snow tomorrow.　내일 눈이 예상됩니다.

It's bright and sunny.　밝고 화창한 날씨입니다.

It's hot and humid.　날씨가 덥고 습합니다.

It's cold and windy.　날씨가 춥고 바람이 붑니다.

Do they have much snow in Vancouver?

밴쿠버는 눈이 많이 내립니까?

What month is the coldest in Ohio?

오하이오에서는 몇 월이 가장 춥습니까?

What's your favorite season?　당신이 가장 좋아하는 계절은 무엇입니까?

I like autumn much better.　저는 가을을 더 많이 좋아합니다.

It is raining cats and dogs.　비가 억수같이 쏟아집니다.

It looks like rain.　비가 올 것 같습니다.

I'm freezing.　저는 몹시 춥습니다.

What a beautiful day!　얼마나 아름다운 날인가!

What a storm!　대단한 폭풍입니다!

It seems to be overcast.　날씨가 흐릴 것 같아요.

Look at those clouds roll in.　저기 구름이 몰려오는 것을 보세요.

It's really raining buckets outside.

밖에 비가 양동이로 퍼붓고 있는 것 같아요.

Sam: What's the weather like today?

Chris: It's warm and sunny. Spring is my favorite season.

Sam: What's the temperature?

Chris: It's 25 degrees Celsius.

Sam: Why do you like spring?

Chris: Because cherry blossoms are out, and the new leaves are coming out on the trees.

Sam: I like spring, but fall is my favorite season. Because I like blue skies and red leaves. Do you want to go hiking this Saturday?

Chris: Sounds good. What time shall we meet?

Sam: Anytime after 9:00.

Chris: How about 10:00?

Sam: OK. Where do you want to meet?

Chris: Let's meet at the bus stop.

Sam: OK. See you then.

Darcy: It's very hot, isn't it?

Jane: Yes, it's terribly hot since this morning.

Darcy: What's the temperature?

Jane: It's 33 degrees Celsius. Do you want go to the movies this afternoon?

Darcy: Sure. What's playing?

Jane: Well, "The Tale Of Despereaux."

Darcy: I haven't seen it. How about "7 pounds?"

Jane: Good. Let's meet at the theater. What time?

Darcy: OK. At 2:00.

Tim: Is it still snowing outside?

Crystal: No, it's stopped. It's the heaviest snowfall in twenty years.

Tim: What's the temperature?

Crystal: It's fifteen degrees below zero.

Tim: I get too cold in the winter. How about you?

Crystal: I can bear the cold, so I want to go skiing.

Tim: Where to?

Crystal: Liberty Mountain. I'll go there this weekend. I like skiing very much.

Tim: I envy you. I hope this winter ends soon. Well, I like summer because I can enjoy rafting and swimming.

What's the weather like today?

What's your favorite season?

Describe yesterday's weather.

Predict tomorrow's weather.

Tip 오늘 날씨를 물을 때에는 "What's the weather like today?"라 하고, "It is~."로 대답하면 된다. 덥고 습기차다고 대답하려면, "It's hot and humid."라고 한다. 몹시 춥다고 대답하려면, "It's very cold."나 "It's freezing."라고 한다.

만일 날씨 예측이 확실하지 않을 경우에는 likely나 probably를 사용하면 된다. 예를 들어, "It's likely to rain."(비가 올 것 같네요.)이라는 문장은 비가 온다는 확신이 아니라 비 올 가능성을 알려주는 것이다.

내일 날씨에 대해 예측할 경우에는 be supposed to do를 사용하면 된다. 예를 들어, "It's supposed to rain tomorrow."(내일 비가 예상됩니다.) be supposed to do는 ~하기로 되어 있다라는 의미로 be expected to do라는 의미와 같다.

Let's Learn: Weather and Broadway Musical

1. 미국의 날씨

　미국 본토는 북위 45도에서 49도에 위치하고 있어서 지역별로 다양한 기후대를 가지고 있다. 로스앤젤레스, 샌프란시스코, 시애틀 등이 위치한 서해안은 지중해성 기후 지역으로 1년 내내 기온의 변화가 크지 않다. 4월에서 10월에는 거의 비가 내리지 않고, 나머지 기간에도 비는 약간씩 내리긴 하지만 따뜻한 편이다. 이와 같이 서부는 대체로 건조하다.

　네바다, 애리조나, 라스베이거스 등 내륙 사막 지대는 기온의 일교차와 연교차가 아주 심한 편인데 계절에 상관없이 30℃ 이상의 일교차가 나고, 겨울에는 영하 10℃ 이하로 내려간다.

　로키 산맥 지대는 봄이나 여름엔 기온이나 습도가 높지 않아 등산에 적당하나 겨울엔 항상 눈에 뒤덮여 있어 아주 추운 편이다. 로키 산맥이 높아서 바닷바람을 막아주기 때문에 내륙 쪽에는 넓은 건조대를 형성하고 있다.

　시카고, 디트로이트 등 도시가 위치하고 있는 오대호 지방은 전형적인 대륙성 기후를 띠는데, 여름엔 서늘하고 겨울엔 상당히 추우며 밤낮의 기온차도 큰 편이다.

　올란도, 마이애미 등 도시가 위치하고 있는 플로리다 지역은 1년 내내 비가 많고 습도가 높으며, 여름엔 천둥을 동반한 집중호우가 발생하기도 한다.

　뉴욕, 보스턴, 필라델피아와 같은 번화한 대도시들이 위치한 동부 지역은 일반적으로 봄과 가을이 짧으며, 여름엔 영상 40℃, 겨울엔 영하 10℃를 기록하는 날이 많다. 오대호 주변으로 저기압이 발생하면 그 영향으로 이 일대는 일주일 이상 비나 눈이 내리기도 한다. 이와 같이 동부는 습기가 많다.

유치원부터 초, 중, 고등학교 학생들은 비가 많이 오거나 눈이 많이 내리면 2 hours delay(2시간 늦게 등교)나 휴교를 학교 홈페이지에서나 뉴스를 통해 확인한다. 한국에서는 어느 정도의 비가 내린다 해도 학생들이 등교를 하는데 미국 학생들은 늦게 등교를 하거나 하지 않는다. 안전을 중시하는 미국인의 사고가 나타난다.

2. 미국 브로드웨이의 뮤지컬

경제, 문화, 패션의 중심지인 뉴욕은 스펙터클한 극장들과 엔터테인먼트 시설들이 늘어선 브로드웨이가 있다.

1960년대 뮤지컬이 성행하였는데, 대표적인 작품으로 '헬로, 달리!(Hello Dolly!)'와 '지붕 위의 바이올린(Fiddler on the Roof)'이 최장기 공연 기록을 세웠다. 1970년대에는 '코러스라인(A Chorus Line)'라는 대표작이 있었다.

2000년대에는 '캣츠(Cats)', '라이온킹(The Lion King)', '미녀와 야수(Beauty & The Beast)', '시카고(Chicago)', '레미제라블(Les Miserables)', '미스 사이공(Miss Saigon)', '렌트(Rent)', '오페라의 유령(The Phantom of the Opera)', 그리고 '맘마미아(Mamma Mia)' 등이 공연되고 있다.

이러한 공연을 싸게 보는 방법은 타임스 스퀘어 시어터 센터(Times Square Theater Center)에서 표를 구입하는 것이다. 브로드웨이와 오프브로드웨이의 남은 당일 공연 티켓을 반값에 판다. 보통 12시부터 줄을 서서 표를 구입하려는 사람들로 붐비므로 그곳을 지나가게 되면 아주 긴 줄을 볼 수 있게 된다.

SIGHTSEEING

UNIT **13**

SIGHTSEEING

Introduction

The topic of this unit is sightseeing. As you learn expressions related to sightseeing, you can feel more comfortable when you make an overseas trip. Whether the country is English speaking or not, you should know some basic expressions in English. By practicing following dialogues, you can feel more confident.

Words

tourist information	관광 안내소
tourist attraction	관광 명소
museum	박물관
amusement park	놀이공원
brochure	소책자
tourism	관광업
architecture	건축물
landscape	경치
heritage	유산
city sightseeing bus	시내 관광버스
all－day tour	하루 코스 관광
half－day tour	한나절 코스 관광

admission fee	입장료
ticket office	매표소
limousine pickup point	공항버스 승차장
souvenir shop	기념품 가게
stand – by passenger	대기 승객
waiting list	대기자 명단
ETA = estimated time of arrival	도착 예정 시간
ETD = estimated time of departure	출발 예정 시간
floor	층
elegant	우아한
fascinating	매혹적인
relaxing	편안한
magnificent	웅장한
free	무료의
commemorative	기념의 / 기념 화폐
scenic	경치의 / 경치 좋은
nervous	긴장하는 / 겁 많은
including	~을 포함하여
recommend	추천하다
confirm	확인하다
pick up	도중에서 태우다

Do you have a Korean edition of this?

이것의 한국어판이 있습니까?

May I have a bus route map, please?

버스 노선 지도를 주시겠습니까?

Is there free city map?   무료의 도시 지도가 있나요?

Are we allowed to go inside?   안에서 사진을 찍어도 됩니까?

May I take your picture with us?

우리와 함께 사진을 찍으시겠습니까?

Excuse me, would you please click the shutter?

실례하지만, 셔터를 눌러 주실래요?

Sure, OK, everybody! Now say cheese.   예, 좋아요, 여러분! 치이즈 하세요.

What are your hours?   영업시간이 어떻게 되지요?

Museum is open 9 hours from 9 A.M. to 6 P.M.

박물관은 오전 9시에 열어 오후 6시까지 엽니다.

Two adults and one child, please.

성인 두 장과 어린이 한 장 주세요.

All right. That'll be 100 dollars.   예. 100달러 되겠습니다.

What name did you reserve the tickets for?

어느분 이름으로 예약 하셨습니까?

For Tim Smith.   팀 스미스로요.

Linda: Excuse me. Is there a sightseeing tour of the city?

Joe: Yes. We have a sightseeing tour of Manhattan. We show Empire State Building, the Statue of Liberty, Rockefeller Center, NBC Studio, United Nations, Metropolitan Museum of Art and Central Park.

Linda: How long does it take?

Joe: It takes 9 hours.

Linda: How much is it?

Joe: It's $100 including lunch.

Linda: Are there any tours with a Korean speaking guide?

Joe: No, but we have a sightseeing brochure in Korean.

Linda: Can I also tour at Columbia University?

Joe: Yes, of course.

Linda: What time does it start and where?

Joe: We'll pick you up at Standford Hotel at 9 in the morning.

Linda: OK. I'll take it.

Jung: Excuse me. Where can I buy a ticket?

Paul: There's a ticket office around the corner.

Jung: How much is the admission fee?

Paul: 25 dollars.

Jung: Here it is. Are there any tours with a Korean speaking guide?

Paul: No, but there is a free brochure at a ticket office.

Jung: May I take pictures inside?

Paul: No, you can't.

Jung: What time do you close?

Paul: At 6: 00 in the evening.

Jung: Where is the souvenir shop?

Paul: Walk straight up until you come to the blue building. It's on the first floor.

Jung: Thank you.

Mary: Excuse me. Would you mind taking a picture of us?

Joe: Sure. How do I use it?

Mary: Just press this shutter, please.

Joe: OK. Now say cheese!

Mary: Thank you. May I take your picture?

Joe: Sure.

Mary: I'll send you a commemorative picture. Please write your address here.

Joe: OK. Thanks. Have a nice trip.

What areas are famous for scenic beauty?

Well, there's Niagara Falls.

What areas are famous for historical interest?

Well, there's American Museum of National History.

What areas are famous for sightseeing?

Well, there's Empire State Building.

Do you like to travel by plane?

Yes, I do. Because they're so fast.

The first time I flew I was a little nervous.

When do you plan to leave?

On the 22nd of August, in the morning.

What place would you recommend?

I recommend White House.

Tip

미국 여행을 할 때에는 미리 가 보고 싶은 곳에 대해 사전 조사를 철저히 한 뒤에 일정표를 짜고 지도를 챙겨서 관광하는 것이 효과적이다. 현지인에게 유명한 곳을 추천받는 것도 좋은 방법 중의 하나이다. 예를 들어, 경치가 아름다운 곳을 물어볼 때에는 "What areas are famous for scenic beauty?"라고 하고, 대답할 때에는 "Well, there's Niagara Falls."라고 하면 된다. 나이아가라 폭포는 미국과 캐나다에 걸쳐 있으며, 캐나다 쪽 폭포가 미국보다 더 크다. 폭포를 가까이 감상하고 싶으면 'Maid of Mist'(안개의 아가씨) 배를 타면 된다. 표를 사면 비옷을 주므로 꼭 챙겨 입고 감상해야 한다.

이외에도 recommend를 이용하여 질문을 만들 수 있다. 예를 들어, 가볼 만한 재미있는 장소를 몇 군데 소개해 달라고 할 때에는 "Please recommend some interesting places to go."라고 하면 된다.

1. 뉴욕의 명소

1) 엠파이어 스테이트 빌딩(Empire State Building)

1931년 슈립·라마먼이 설계하여 완공되었다. 위치는 맨해튼 34번가에 있으며, 102층에 높이 381m의 초고층 오피스 빌딩이다.

86층과 102층에 전망대가 있으며, 야경이 매우 멋지다. 전망대에 올라가서 페니 동전을 기계에 넣으면 펜던트로 바뀌어 나오므로 하나의 기념품이 된다.

2) 자유의 여신상(The Statue of Liberty)

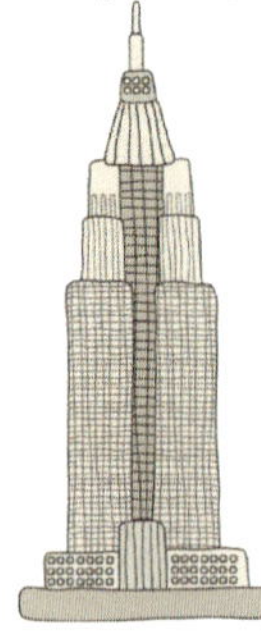

자유의 여신상은 뉴욕항으로 들어가는 입구에 있다. 자유의 여신상 좌대에는 "자유로이 호흡하기를 갈망하는 그대. 지치고 가난한 백성들이여. 내게 오라!"라는 글이 쓰여 있다. 이 자유의 여신상은 1886년 미국 독립 100주년을 기념하여 프랑스에서 우호증진을 위한 선물로 준 것으로 1984년 유네스코 지정 세계유산에 등록되었다. 엘리베이터로 전망대까지 올라갈 수 있는데, 여신의 왕관이 있는 제일 꼭대기의 전망대까지는 좁은 계단으로 올라간다. 계단 밑에는 이민역사에 대한 박물관이 있다.

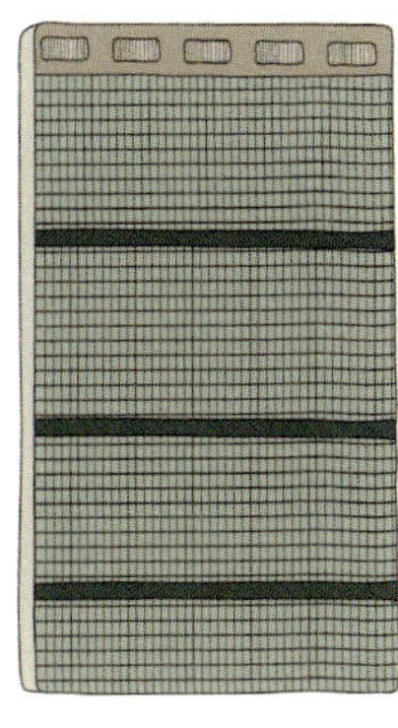

3) 유엔본부(United Nations)

위치는 42번가에서 48번가이다. 유엔총회빌딩(General Assembly Building), 회의장 빌딩(Conference Building), 사무국 빌딩(Secretarial Building), 해머슐드 도서관(Hammarkskjold Library)이 있다. 건물 내부에는 150여 회원국이 기증한 예술품들로 장식되어 있으며, 유엔 본부의 지하에는 우체국과 선물 가게가 있다.

4) 센트럴 파크(Central Park)

뉴욕 맨해튼에 위치한 인기 있는 시민공원이며 도시공원이다. 연못, 호수, 동물원, 분수, 산책로, 극장, 미술관 등이 있다. 무료 콘서트가 자주 열리며, *Stuart Little* 영화의 배경이 되는 보트 경주 장면도 센트럴 파크이다. 시민들은 조깅하거나 자전거를 타거나 운동하는 휴식처로 애용하고 있다.

5) 메트로폴리탄 미술관(Metropolitan Museum of Art)

뉴욕 센트럴 파크의 동쪽에 위치한 미술관으로 뉴욕시에서 소장품이 가장 많은 미술관 중의 하나이다. 선사시대부터 현대에 이르기까지의 수많은 작품들, 중세 조각·건축, 유럽 회화, 데생, 미국 회화, 판화, 사진, 유리·금속 공예 등이 전시되어 있다.

2. 워싱턴의 명소

1) 백악관(White House)

미국 대통령의 관저로 보수 공사를 여러 번 했으며, 130개 이상의 방들이 있다. 이 중 일부 방들은

관광객들에게 공개되어 있다. 정부가 주최하는 행사와 무도회 등 행사가 열리는 이스트 룸, 제3대 대통령 토머스 제퍼슨이 식당으로 사용하던 그린 룸, 대통령 부부가 내빈을 환대하는 블루 룸, 대통령 부인이 내빈 접대하거나 파티와 리셉션을 개최하는 레드 룸, 링컨 대통령의 초상화가 있는 스테이트 다이닝 룸이 있다. 겨울이 되면 백악관 정원에 매우 큰 크리스마스 트리를 장식해 놓아 멋있는 분위기를 연출한다.

2) 국회의사당((United States Capitol)

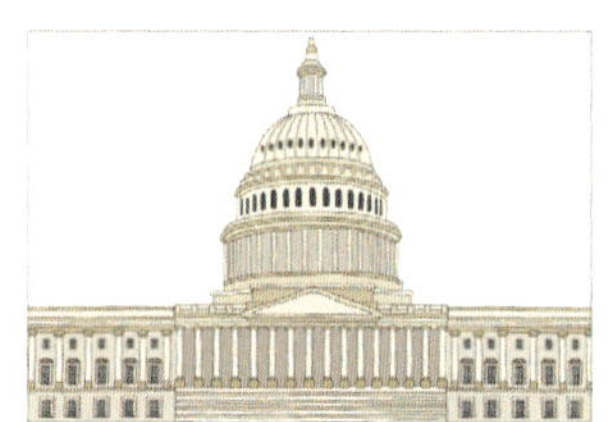

1793년 9월에 착공하여 1800년 11월에 완공되었고, 돔의 정상에는 청동으로 제작된 자유의 여신상이 위치하고 있다. 돔 내벽의 그림은 콘스탄티노 블루미데이의 작품으로 유명하다. 건물의 북쪽은 상원, 남쪽은 하원이 사용하며 가운데 돔의 바로 밑은 원형의 홀로 되어 있다. 원형 홀의 동쪽으로 콜럼버스의 생애를 표현한 그의 청동문이 나 있다. 국회가 소집된 기간을 제외하고는 특별히 방문을 제한하지 않으며 회의장 내부 관람이 가능하다.

홀에는 킹 목사, 조지 워싱턴 등 미국 역사에서 중요한 역할을 했던 인물들의 동상을 전시해 놓았다.

3) 워싱턴 기념탑(Washington Monument)

미국의 초대 대통령 조지 워싱턴을 기념하여 로버트 밀스가 설계한 높이 169.3m 석조 건축물이다. 이 기념탑은 국민들의 기부금과 기증받은 석재, 정부 기금 등으로 만들어졌고, 이 기념탑이 워싱턴 D.C. 어디에서나 볼 수 있게 하기 위해 높은 건물을 세우지 못하게 조례로 정해져 있다. 기념탑을 중심으로 동쪽에는 국회의사당, 남쪽에는 제퍼슨 기념관과 포토맥강, 서쪽으로는 링컨 기념관과 앨링턴 국립묘지, 북쪽에는 백악관이 보인다.

주의해야 할 것은 기념탑을 구경하고 싶으면 기념탑 근처 사무실에서 무료 표를 받아야 올라갈 수 있다는 것이다. 워싱턴 기념탑을 중심으로 관광명소가 모여 있으므로 걸어 다니면서 관람하면 좋을 것이다. 특히 포토맥강가에는 악기 연주하는 연주자들과 풍선 아트 하는 사람들을 만나 볼 수 있고 쇼 핑몰이 있어서 쇼핑하기에도 좋다.

4) 링컨 기념관(Lincoln Memorial)

미국의 제16대 대통령 에이브러햄 링컨을 기념하기 위해 만든 기념관이다. 링컨 동상은 높이 5.8m이고, 28개의 대리석으로 만들어졌다. 건물 내부 벽면에는 링컨의 연설문 "the government of the people by the people for the people"(국민의, 국민에 의한, 국민을 위한 정부)과 두 번째 취임연설 등의 내용을 새겨 놓았다.

링컨 대통령의 다음과 같은 유명한 명언을 새겨 보자.

"가장 훌륭한 사람이 되고자 결심한 사람일수록 언쟁에 시간을 낭비하지 않는 법이다. 그러한 성질의 악화나 자제력의 감퇴 결과를 훌륭한 사람일수록 감수하려 들지 않는다. 이쪽에 반쯤의 타당성밖에 가지고 있지 않은 일에 대해서는 크게 양보하고, 자신이 만만한 일일지라도 조금은 양보해라."

"나는 계속 배우면서 갖추어 간다. 언젠가는 나에게도 기회가 올 것이다."

5) 베트남전쟁 전몰자 위령비(Vietnam Veterans Memorial)

베트남전쟁에서 희생당한 58,192명의 이름을 새겨 놓은 베트남 전쟁 전몰자 위령비이다.

6) 국립항공우주박물관(National Air and Space Museum)

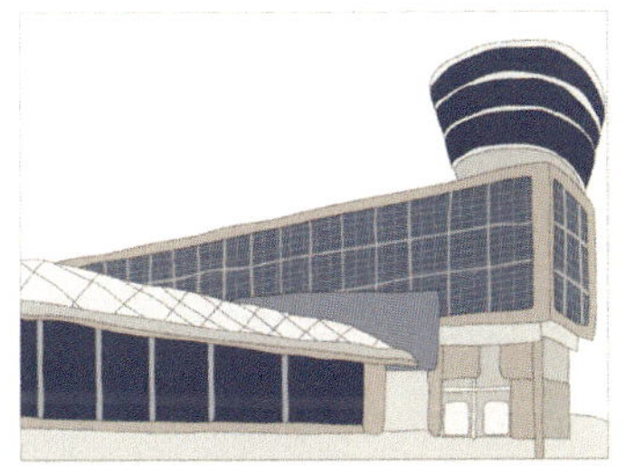

국립항공우주박물관은 스미소니언박물관 중 하나이다. 스미소니언박물관은 자연사박물관·미국역사박물관 등의 총칭으로, 공예박물관, 국립초상화갤러리·국립동물원 등 총 15개의 박물관으로 이루어진 곳을 말한다. 이 국립박물관 조직은 1846년 영국의 과학자 스미스슨의 기부금 $55만을 중심으로 창립되었으며, 대법원장·부통령·상하원 의원 등의 이사에 의해서 관리되고 있다. 이곳의 모든 박물관은 무료입장이다.

국립항공우주박물관은 비행기, 우주선, 로켓, 우주복, 우주 식량, 우주 변기 등이 전시되어 있다. 아이들이 실제로 기내에 들어가 핸들을 만져 볼 수 있고 핸들을 만지면 비행기 꼬리가 움직이는 것을 볼 수 있다. 지하에는 기념품 가게가 있으며 무선 소형 비행기를 구입할 수 있다.

7) 국립자연사박물관(National Museum of Natural History)

지구를 테마로 한 박물관으로 지구상에 존재하는 생물, 광물, 태고의 화석부터 현재 인간의 문화까지 다양하게 전시되어 있다. 특히 1층의 거대한 아프리카 코끼리 동상과 공룡 모형이 볼거리이고 2층 광물과 보석 전시관에서는 세계에서 가장 큰 블루 다이아몬드 'Hope Diamond'가 볼거리이다. 그리고 달의 원석을 볼 수 있어서 좋다.

8) 마운트 버논(Mount Vernon)

미국의 최초 대통령 George Washington의 생가이다. 이 대통령은 미국인들이 가장 존경하는 인물로 1달러 지폐의 얼굴이기도 하다. Presidents' Day는 2월 18일로 조지 워싱턴 대통령 생일을 기념한 날이다. 이날에는 여러 행사가 있는데 조지 워싱턴 대통령이 살아 있었을 때 당시의 사람들이 입은 복장을 하고 악기를 연주하거나 음식을 만드는 모습을 재현해 보여 준다. 조지 워싱턴 대통령이 어릴 때 즐겨 먹었던 옥수수팬케이크에 꿀을 발라서 관광객들에게 따뜻한 차와 함께 무료로 준다.

이 저택에는 침실, 식당, 응접실, 손님방, 빨래방, 창고, 마구간, 훈제실, 조지 워싱턴차 전용차고, 부엌, 목장, 농장 등이 있다. 관광객들은 생가 내부를 보면서 설명을 들을 수 있지만 사진 촬영은 불가능하다. 생가 앞쪽으로는 포토맥강이 흘러 자연 경관이 아름답다.

GETTING A JOB

GETTING A JOB

Introduction

In this unit, you will learn dialogues related to the job interview. Recently, there are more and more needs to speak English at work. Thus many companies require English speaking ability from their employees. In fact, many of the job interviews are now given in English.

Words

application	신청서/원서
skill	기술
weakness	약점
strength	장점
salary	급여/봉급
income	수입/소득
major	전공
housing	주택/주택 공급
medical insurance	의료 보험
department	부서
benefit	혜택
side job = part – time job	시간제 일
working student = student worker	아르바이트생
shorthand	속기
public servant = public service personnel	공무원
co – worker	동료

cook	요리사
cashier	출납원 / 회계원
profession	전문직 / 직업
carpenter	목수
photographer	사진사
professor	교수
dentist	치과의사
salesperson	판매원
secretary	비서
translator	번역자 / 통역자
accountant	회계사
lawyer	변호사
researcher	연구원
actor	남자배우
actress	여자배우
artist	예술가
musician	음악가
author	작가
politician	정치사
policeman	경찰
hairdresser	미용사
barber	이발사
farmer	농부
pharmacist	약제사
journalist	언론인 / 보도기자
chef	요리사 / 주방장
flight attendant	비행기 승무원
receptionist	접수원
nurse	간호원
doctor	의사

architect	건축가
engineer	기사 / 기술자
security guard	경비원
company director	사장
worker = wage earner	월급 생활자
scientist	과학자
Personal Department	인사부
well – paid	보수가 좋은
stressful	스트레스를 받는
outgoing	외향적인
reserved	내성적인
be self – employed	자영 사업을 하다

Basic Expressions

What do you do? 직업은 무엇입니까?

What's your job? 직업은 무엇입니까?

What's your occupation? 직업은 무엇입니까?

What do you want to be? 당신은 뭐가 되기를 원하나요?

I'm with PM trading company. 나는 PM 무역회사에 근무합니다.

I work for IBM. 나는 IBM에서 일합니다.

I want to be a teacher. 나는 선생님이 되기를 원합니다.

What made you choose this company? 당신은 왜 이 회사를 선택했습니까?

What starting salary would you expect? 당신은 초봉을 얼마로 기대하나요?

Would you tell me your educational background?

당신은 당신의 학력을 나에게 말해 주실 수 있나요?

Interviewer: Good morning, Mr. Tim. Have a seat, please.

Tim: Thank you.

Interviewer: We are interested in your application but I want to ask you a couple of questions.

Tim: Yes, of course, sir.

Interviewer: What made you choose this company?

Tim: Well, I want to work in a trading company. I think this company has a great future.

Interviewer: What kind of skills do you have?

Tim: I can type 80 words a minute. I'm good at operating computers. I take good shorthand. And I speak several languages very well.

Interviewer: Would you describe yourself as outgoing or more reserved?

Tim: I am very outgoing.

Interviewer: What is your weakness?

Tim: I lack in initiative.

Interviewer: How do you spend your free time?

Tim: I like swimming and playing soccer.

Interviewer: Have you ever had a part-time job before?

Tim: Yes. When I was a junior in a university, I used to work in an office.

Interviewer: What starting salary would you expect?

Tim: It doesn't matter, but I'm thinking of $35,000 range per year.

Interviewer: This will conclude your interview. Thank you. We'll let you know either way.

Tim: Thank you. Good bye.

Interviewer: Would you tell me your educational background?

Crystal: I graduated from New York University.

Interviewer: What was your major?

Crystal: English.

Interviewer: Do you have any experience?

Crystal: When I was a freshman, I interned at a travel agency.

Interviewer: What section do you want to work in?

Crystal: I'd like to work in overseas department because I'm interested in development of tourism product.

Interviewer: Do you have any questions?

Crystal: Yes. Do you have employee benefits?

Interviewer: Yes, we do. We offer full medical insurance. And we offer housing and a car.

Crystal: What about the salary?

Interviewer: You would be paid $40,000 a year.

Crystal: How much is the bonus?

Interviewer: 50% of your gross income.

Crystal: When will I know your decision?

Interviewer: We'll be in touch with you as soon as possible.

Crystal: Thank you.

What would you like to do when you graduate?

Are you working part-time now?

Why do some people want to work overtime?

Some people want to work overtime in order to earn more money.

How do you feel about working overtime?

I'd opposed to work overtime. I think that it usually can be a waste of time and money. But in an emergency, I will work at night.

What is the difference between 'wages' and 'salary'?

Wages are paid according to the amount of time worked, while a salary is fixed.

What basic principle do you apply to your life?

I try to diligent.

Not to put off till tomorrow what you can do today.

What made you choose this company?

I've been interested in computers since a high school. I think this company has a great future and I'll be able to develop my abilities here.

What kind of position would you like to have for this company?

I'd like to work in the advertising section.

Why do you want to work in a sales department?

Because I am active and outgoing.

Were you involved in any club activities?

Do you have any special qualifications?

Do you think you are cooperative?

How do you spend your spare time?

취업 인터뷰를 할 때 자주 하는 질문은 지망 동기, 생활신조, 직업관, 자격증, 동아리 활동, 여가 시간, 희망 부서 등에 대해서이다.

미국에서 사람을 채용할 때에는 학력이나 가족관계보다는 능력을 본다.

그러므로 영문 이력서를 쓸 때에는 개인 정보, 희망 직종, 자격, 학력, 경력, 활동 경력, 취미, 기술, 특기, 병역관계, 상벌, 그리고 조회처를 써야 한다.

그리고 회사에서는 추천서를 중요시 여기는데, 추천서를 써 준 사람들에게 연락하여 지원자의 성격이나 업무 태도 등을 파악하기 위해서이다.

면접자가 지원자에게 협동심에 관해 물어볼 때에는 "Do you think you are cooperative?"(당신은 협력적입니까?)라고 하고 긍정일 경우에는 "Yes, I do." 부정일 경우에는 "No, I don't."라고 하면 된다. 회사 측에서는 지원자의 인간관계를 중요시하여 질문하는 것이다.

입사 후에 어떤 일을 맡고 싶은지를 물을 때 사용하는 표현은 "What kind of position would you like to have for this company?"이다. "I'd like to work in the advertising section."(나는 광고 부서에서 일하기를 원합니다.)라고 대답하면 된다.

여기서 주의 할 것은 I work in + 부서나 과가 나오고, I work for + 회사이름이나 인명이 나온다. 그리고 I work at/in + 장소가 나온다.

예를 들어 보면, I work in the Sales Department.(나는 판매부에서 일합니다.)이다. I work for Rotem.(나는 로템에 근무합니다.) 또 하나의 예를 들어 보면, I work in a department store.

 다음 부서에 관한 도표를 활용하여 연습해 보자.

| Company Departments

Education	교육
Planning	기획
Accounting	회계
Advertising	광고
Purchasing	구매
Marketing	마케팅
Export	수출
Import	수입
Legal	법무
Sales	영업
Personnel	인사
Finance	재무
Shipping	선적
Auditing	감사
Public Relations	홍보
Documentation	자료
Production Engineering	생산기술
Human Resources Development	인력개발
Administration/General affairs	총무
Research and Development	연구/개발
Customer Service	소비자 서비스

Personal Data(개인정보)

* 이름, 주소, 연락처, 이메일 주소

Objective(희망 직종)

* 입사 후 일하고 싶은 분야

Experience(경력)

* 과거의 근무한 사실을 쓰되 최근의 사실부터 과거의 사실 순서대로 기록한다.
* 학교에서의 서클 활동이나 자원 봉사 활동 등에 대해 쓴다.

Education(학력)

* 졸업한 학교 이름과 전공, 학점 그리고 장학생 여부에 대해 쓴다.

Qualifications(자격)/Skills(기술)

* 희망 직종에 대응할 수 있는 능력을 기록한다. 자격증이나 컴퓨터 처리 능력, 언어 구사력 등.

Honors and Awards(상벌)

* 교내나 교외의 행사에서의 수상 경력을 기록한다.

References(조회처)

* 이전 근무처의 상사나 대학 지도 교수의 연락처를 기록한다.

APPENDIX

Resume

Sujung Kang

719 Irwon − Dong, Kangnam − Gu	Date of birth: October 17, 1980
Seoul, Korea, 135 − 942	Sex: Female
Tel: 02 − 2226 − 7777	Marital status: Single
C.P: 011 − 301 − 7777	Nationality: Korea

Summary of Qualification

Outstanding communication skill in English: Toeic 950 and IBT Toefl 110.

Education

1997 − 1999 Yale High School

2000 − 2003 New York University

Bachelor of Arts in Business Administration with a minor in English Literature

Experience

2004 – 2005 Volunteer work

Interpreter, Gyeongbok Palace

2006 – 2007 PM Trading Company

Trade Fair Promotion Manager

Skills & Achievements

Languages

Fluent in English

Proficient in Basic Chinese, Japanese and French.

Computer

Able to use both Windows and Macintosh computer operating systems. Proficient in operating most computer software including Word and Excel.

**Competency
Personal
Achievements**

Received a full scholarship at New York University.

Hobbies

Swimming, photography, mountain bike riding and reading.

References

Jim Brown

Professor of New York University

New York

Tel: 713 – 555 – 2001

APPENDIX 2

LETTER OF RECOMMENDATION

Date: May 7. 2006

Name in Full: Kim, Ah Young

Date of Birth: December 25, 1982

Sex: Female

Nationality: Republic of Korea

I would like to recommend the above-mentioned person, Miss Kim, Ah Young to your institution for International Camp Counselor Program(ICCP). She will graduate from Sangmyung University with a bachelor's degree next year. Her major is English Education. She is fluent in English because she has finished a linguistic training for a year in Australia.

She had extensive in teaching as a part-time instructor. She taught numerous subjects as a Sunday teacher from 1994 to the present time. And she had been coaching hymns in children choir from 2001 to the present time. She worked as a head counselor in MBC Academy English Camp last summer. She participated in Summer Bible Camp for children, as well as taking care of them. During that time she admired the children very much, as she tried to make friends with all the kids. She's also teaching english conversation for children once a month. Above all, I am proud of her, because she has been a volunteer worker. She has been to a juvenile reformatory as a member of a volunteer band.

I have been well acquainted with Miss. Kim for four years. I am teaching Shakespeare to her now. And thus I feel qualified to estimate that she has the intellectual capacity, teaching experience, sincerity, leadership, cooperation, and personality to realize her dreams. Above all, she is a positive person who cherishes many kids. She will be a good counselor to ICCP. It would be a great favor to me if you would give her the opportunity to expand her experience at YMCA International.

Sincerely yours, Joo Eun Park

Professor

Shingu College

1. What is your relationship to the applicant?

   Professor

2. If you have employed this applicant, describe their responsibilities?

   She has a strong responsibility.

3. Based on your experience, how does the applicant relate to other people?

   She will be cooperative.

   She will get along with other people very well.

4. What would you consider to be the applicant best program skills and personality

   strengths for working at camp?

   Everything. Especially, coaching a play or songs. Her strengths are cooperation

   and leadership.

5. How well do you think the applicant could teach these skills at camp?

   She could teach these skills very well.

박주은 ─────────────────────────────────

▌약 력

상명대학교 사범대학 영어교육과 졸업
상명대학교 일반대학원 영어영문학 석사
상명대학교 일반대학원 영어영문학 박사
Columbia College TESOL Department(TESOL 자격증 획득)
미림중학교 강사
상명사대부속초등학교 강사
상명대, 경찰대 외래교수
상명대학교 교육대학원 외래교수
상명대 평생교육원 외래교수
상명대 인문학과학연구소 연구원
(주)명신하이넷 팀장
(주)큐빅브레인 이사
현, 21세기 영어교육연구회 연구원
    (주)유비키즈 애듀게이션 영어미래교육연구소 자문교수
    신구대학 경영과 영어 겸임교수

▌주요논문 및 저서

「Jane Austen의 *Emma* 연구」
「*Getting Out* 연구」
「*night, Mother* 연구」
『여성유대를 통한 정체성 찾기』
『Marsha Norman의 작품에 나타난 여성의 自我 찾기』
『*Fun with English*』
『Shakespeare의 작품세계와 *Macbeth*』
『페미니스트 드라마의 이해』
『Touch Pen을 이용한 어린이 영어교육』
외 다수

FUN WITH ENGLISH

초 판 인 쇄 | 2006년 10월 30일
초 판 발 행 | 2006년 10월 30일
개정판인쇄 | 2009년 7월 10일
개정판발행 | 2009년 7월 10일

지은이 | 박주은
펴낸이 | 채종준
펴낸곳 | 한국학술정보㈜
주 소 | 경기도 파주시 교하읍 문발리 파주출판문화정보산업단지 513-5
전 화 | 031) 908-3181(대표)
팩 스 | 031) 908-3189
홈페이지 | http://www.kstudy.com
E-mail | 출판사업부 publish@kstudy.com

등 록 | 제일산-115호(2000. 6. 19)
가 격 | 22,000원

ISBN 9   aper Book)
      978-89-534-4194-1 18740 (e-Book)